江苏省社科基金重点资助项目：

基于假设检验的高等职业教育绩效综合评价研究（16JYA0(

创芯源

高等职业教育产学研合作经典案例

CHUANGXINYUAN
GAODENG ZHIYE JIAOYU CHANXUEYAN
HEZUO JINGDIAN ANLI

黄步军　谢忠秋◎主编

经济管理出版社

ECONOMY & MANAGEMENT PUBLISHING HOUSE

图书在版编目（CIP）数据

创芯源：高等职业教育产学研合作经典案例．一/黄步军，谢忠秋主编．—北京：经济管理出版社，2021.1

ISBN 978 - 7 - 5096 - 7761 - 2

Ⅰ.①创…　Ⅱ.①黄…②谢…　Ⅲ.①高等职业教育—产学合作—研究—中国　Ⅳ.①G718.5

中国版本图书馆 CIP 数据核字（2021）第 030800 号

组稿编辑：梁植睿
责任编辑：梁植睿
责任印制：黄章平
责任校对：董杉珊

出版发行：经济管理出版社
　　　　　（北京市海淀区北蜂窝 8 号中雅大厦 A 座 11 层　100038）
网　　　址：www. E - mp. com. cn
电　　　话：（010）51915602
印　　　刷：唐山玺诚印务有限公司
经　　　销：新华书店
开　　　本：720mm×1000mm/16
印　　　张：13. 75
字　　　数：247 千字
版　　　次：2021 年 1 月第 1 版　2021 年 1 月第 1 次印刷
书　　　号：ISBN 978 - 7 - 5096 - 7761 - 2
定　　　价：68. 00 元

序

芯者，一物体之中心部分也。那么，在一个地区、一个国家的整个经济体中，其"芯"又在哪里呢？答案是肯定的，"芯"是企业。千千万万的企业构成了一个地区、一个国家的整个经济体的"芯"。而看芯之作用，在计算机里，芯片被称为"灵魂"。那么，在整个经济体里，企业自然也就是"灵魂"了。显然，整个经济体，是不能失去"灵魂"的。也正因如此，政府也好，百姓也罢，都要善待企业以及企业的主人——企业家。

这是一方面。另一方面，具体到企业，其"芯"又在哪里呢？换句话说，企业的"灵魂"又是什么呢？这里，伟人们站在一个民族、一个国家发展的高度给了我们很深刻的启迪。伟人们如是说："创新是一个民族进步的灵魂，是一个国家兴旺发达的不竭动力。"民族、国家推至企业，很自然，我们也就知晓了企业发展的灵魂在哪里——在创新！所以，我们必须站在一个企业发展的高度：创新是一个企业兴旺发达的灵魂，是一个企业兴旺发达的不竭动力。

但事实毕竟是，创新不是一个空泛的口号，而是一项实实在在的行动。其中，决定行动成败的关键就是行动的路径选择。路径选择得对，则事半功倍；相反，则事倍功半。对此，习近平总书记进行了深刻的论述，他在党的十九大报告中明确提出，要"深化科技体制改革，建立以企业为主体、市场为导向、产学研深度融合的技术创新体系，加强对中小企业创新的支持，促进科技成果转化"。可见，产学研深度融合，是企业创新的一条行之有效的路径。只有将企业、高校和科研院所等产学研主体真正地深度融合起来，形成创新合力，企业创新乃至国家创新才能迸发活力，进而推动经济增长方式由要素驱动向创新驱动转变。

2001年建设的"常州大学城"是我国首个以高职院校为主聚集的具有鲜明职业教育特色的"高职大学城"，在这里，有着较强的高等职业教育优势。显然，仅限于此是不够的，还必须将其转化为常州经济社会发展的动能，转化为常州经济社会发展的优势。为此，常州进行了艰苦卓绝的"科技长征"，加强产学研深度融合，历经数十年的探索形成了"经科教联动、产学研结合、校所企共赢"的产学研合作"常州模式"，这既为"苏南模式""新苏南模式"发祥地之一的常州增添了新时代的精彩，也为我国高校院所服务地方经济、地方政府和企业招才引智提供了可供借鉴的参考。

本书尽心聚焦产学研合作，以案例展示操作性，以案例展演过程性，以案例展现经验性，使学习者掩卷之余，收益颇多。

本书尽力聚齐各类型企业，以案例展示层次性，以案例展演多样性，以案例展现可读性，使学习者掩卷之余，遐想良多。

这构成本书特点之所在。

《广雅》曰："创，始也。"《说文》又曰："源，水泉本也。"而前者我们又论证了：芯，灵魂也。三者连接在一起，创芯源，乃是灵魂开始的地方。企业作为灵魂，正是整个经济体开始的地方；创新作为灵魂，正是企业开始的地方。让整个经济体回归本源，让企业回归本源，让产学研回归本源，更让科技创新回归本源，这就是本书题名为"创芯源"之本意所在，或是初心之所在。

是为序！

作者写于龙城
2020 年 12 月

目　录

第一篇　技术成果转化

第二篇　合作研究开发

第三篇　高端人才培养

第四篇　共建创新载体

第五篇　孵化创新创业

第一篇　技术成果转化

利视医疗　飞跃飞越

——鹰利视医疗科技有限公司

【公司】鹰利视医疗科技有限公司位于江苏常州国家级高新技术开发区、生命健康产业园，占地面积36000平方米，拥有现代化生产车间7300平方米和综合办公楼5200平方米，以及专家教授、院士研究院2900平方米。多年来公司坚持科技创新、完善管理体系，组建强大的研发团队，与中国科学院、浙江大学、上海交通大学等知名科研机构精诚合作，同时结合临床医学等，研发出了国际领先的内窥镜医疗器械系列产品，公司生产制造的产品都在德国、瑞士高精密的先进生产线加工而成，完善的生产工艺以及熟练操作技能，确保了国际一流的品质，使临床医生高超医术发挥到极致。

精准医疗　对接国际标准

打造世界一流高科技内窥镜设备，让专家教授的高超业务技术发挥到极致、恩泽医患、铸造生命空间的辉煌是鹰利视医疗科技有限公司的使命。医用高清内窥镜系统包括医用内窥镜高清摄像主机及医用内窥镜LED光源。该产品可以与硬性内窥镜配合使用，将体内手术区域视频放大成像并显示在监视器上，供医生在临床微创诊断或手术时使用。目前市场上大部分内窥镜摄像系统采用的是传统的CCD传感器或者单COMS图像传感器，前者成本较高，后者像质较差。而大部分光源采用是卤素灯、氙灯发光光源，该类光源的效率和色温都比较低。由于国产内窥镜摄像系统产品质量、性能低下，大部分医用内窥镜高清摄像系统市场份额被国际上的大品牌所垄断，如卡尔史托斯、史赛克等品牌，这些品牌产品虽然质量好、性能优，但价格是国内品牌的数倍。考虑到中国现行医疗改革宗旨之一是减少患者的医疗成本，因此生产价格低、性能优的医用内窥镜摄像系统替代外资品牌，获取更大的市场份额显得尤为重要。

恒心如一　打造内窥镜医疗器械民族品牌

　　致力于人类的医疗健康事业，打造内窥镜医疗器械民族品牌，成为国际知名企业一直是鹰利视医疗科技人的梦想。鉴于此，2016 年 2 月鹰利视医疗科技有限公司与浙江大学常州工业技术研究院签订了联合开发具有世界先进水平的医用高清内窥镜系统合作协议，通过此次合作开发，使开发内窥镜摄像系统的系列产品达到工业级要求，通过创新解决内窥镜摄像系统的关键技术。一是采用 DVI 采集卡加工控机实现开发目标功能；二是多光谱成像使用硬件和软件两种实现方式；三是建立内窥镜图像血管分割模型，设计基于色度亮度对比度统计的血管识别算法，增强体内组织黏膜微细血管的对比度，提高早期病灶诊断的准确性；四是选择合理的目标识别与自动跟踪技术，通过对连续帧视频数据流实时处理，识别图像中的烟雾背景，并自动消除；五是通过对 LED 冷光源窄带滤光片的同步控制，并结合摄像系统 RGB 三通道的图像数据，实现在窄带光照明下病灶的进一步增强处理，并采用增强显示技术，将病灶真彩或伪彩呈现在监视器上；六是设计高效率的 LED 准直耦合光学系统，并结合特殊光谱透光率的干涉滤光片，实现高 CRI（90 以上）的光纤束 LED 照明冷光源；七是通过多片带通窄带干涉滤光片的同步高速控制，将 LED 冷光源的宽光谱照明分割为特定的窄带光束后，再耦合进入照明光纤束；八是选用高可靠性工业计算机及微软 WES 开发平台，实现图像处理功能及面板控制功能。通过两年多的协同开发与合作实施，项目在 2017 年 4 月完成全部合同规定内容，经实际验证并验收，达到了预期的目标。项目开发的两个系列产品 HD02 及 LED02 达到设计要求，均已通过产品注册检验认证。目前，产品已经完成了样机的测试、各项指标均已达到合同既定目标，达到了世界先进水平。

培养研发团队　振兴国家高端医疗产业

　　通过产学研合作，鹰利视培养了专业的研发团队，并取得了校企合作的成功经验。从开始参与项目起，鹰利视研发中心在学习、实践中不断提高自身能力，目前已经初步形成老中青结合的研究型团队，一批博士、高级工程师带队的年轻工程师，已经快速成长为企业的核心技术人员，在项目合作过程中，产生了多项知识产权，包括4项发明专利、4项实用新型专利、2项软件著作权。

　　合作研发的成果带给企业的不仅是有望能够替代进口的具有独立自主知识产权的产品，也不仅是亿元以上规模的经济效益（以目前国际品牌价格的60％计算，每套价格60万元，年市场需求量的5％估算），更为可贵的是带来了企业团队的成长与合作模式的优化；带给社会的也不仅是优质的国产医疗器械产品与服务，更重要的也许是为立足国内、振兴国家高端医疗产业发展提供实际支持。

　　【研发机构】浙江大学常州工业技术研究院是浙江大学与常州高新区合作共建的浙江大学直属独立事业法人单位。主要依托浙江大学的科研实力和常州高新区的产业优势，建设了集公共平台服务、领军人才集聚、新兴企业孵化、高新技术转移、创新人才培养功能"五位一体"的新型研究机构。

超级电容 超级配置

——常州戚墅堰机车车辆配件工业有限公司

【公司】常州戚墅堰机车车辆配件工业有限公司成立于1979年，专门从事铁路机车车辆配件研发、制造、销售和服务。公司占地48000平方米，生产用房屋建筑面积31000平方米，主要从事内燃机车各种零部件的制造与修理。产品范围覆盖了机车机械构件与电气配件两大部分。长期以来，公司高度重视技术创新和产品开发工作，建立了以科技创新推动产业发展，以产业发展支撑科技创新的良性运行机制，引进了一批有技术专长的中青年技术人员，并以其为骨干创建了专业技术水平高、技术能力强、敬业务实的研发团队。目前，从事研发工作的技术人员共有54名，公司已获得16件发明专利和实用新型专利，拥有6项常州市高新技术产品。

新时代 新材料 新动力

能源是人类社会存在和发展的基础，是推动社会经济系统运转的动力。我国在现代社会面临着能源供应安全和经济安全的现实问题，尤其是在高速机车领域。提升能源的生产方式和消费方式，开发利用新型能源对于建立可持续发展的能源系统具有重大意义。

高速机车用石墨烯超级电容器材料的研制技术是采用石墨烯为原料，通过高能球磨、水洗、干燥等方式得到石墨烯负载纳米金属复合材料，筛选出电化学活性较高的产物，用于制备超级电容器电极材料，并进行组装测试，开发出新型石墨烯基超级电容器电极材料，并专门应用于高速机车领域，满足现代高速机车的高能量密度和高功率密度以及优异的循环稳定性的能量需求。

为进一步提升企业技术实力和新产品开发能力，公司在自主创新的同时，广泛开展了"产学研"合作，与常州大学陈海群教授课题组进行了密切合作，经过多年的实验室探索研究，采用液相超声剥离法、化学还原法以及原位一步煅烧法三个途径，成功制备出了石墨烯及其复合材料。通过在标准三电极和不对称二电极体系中采用循环伏安和恒电流充放电等测试技术手段对材料的电化学电容性能进行了表征，得到电化学性能良好的石墨烯基复合材料。

石墨烯搭档电容器

超级电容器是一种性能介于电池与传统电容器之间的新型储能器件，同传统的电容器和二次电池相比，超级电容器储存电荷的能力比普通电容器高，并具有充放电速度快、效率高、对环境无污染、循环寿命长、使用温度范围宽、安全性高等特点。近些年来被广泛应用于移动通信、信息技术、航空航天和国防科技等领域，显示出前所未有的应用前景。电极材料是超级电容器最为关键的部分，也是决定其性能的主要因素，因此开发性能优异的新型电极材料是超级电容器研究中最核心的要素。目前，超级电容器电极材料一般采用碳材料、金属氧化物、导电聚合物等材料，相比仅提供双电层电容的碳材料而言，金属氧化物电极材料可以在准二维空间上进行欠电位沉积，发生高度可逆的化学吸附/脱附或氧化还原反应，产生法拉第电容，并能提供较高的比容量特性。但是，金属氧化物颗粒在电化学循环时容易发生团聚，并可能形成钝态膜，使大多数的金属氧化物在首次充/放电的循环中表现出较大的容量损失，限制了其进一步的发展。而导电聚合物由于其本身固有的高内阻缺陷而不易发展工业化。所以，目前商业化的电极材料仍然是以活性炭为主，但是，碳电极材料的能量密度和容量仍显不足，需要探索合适的碳复合材料电极体系，获得高比电容、优秀循环性能的新型电极材料。基于此，产学研合作项目将采用成本适中、性能优异、结构稳定的镍、钴和聚合物材料分别与石墨烯形成复合电极材料，研究其电化学性能，获得高性能石墨烯基超级电容器电极材料，并应用于高速机车领域。

产学研合作助推成果转化

公司以常州大学科研团队的研究成果为基础，以常州戚墅堰机车车辆配件工业有限公司为成果转化基地，建立了科技创新、成果转移及人才引进的产学研合作模式，推动企业自主创新，形成技术和人才储备，促进企业效益增长和可持续发展，增强企业竞争力。

自2016年项目合作以来，常州戚墅堰机车车辆配件工业有限公司不仅对原有产品和技术进行改造升级，如铁路机车配件、高铁配件等，而且还开发了机车专用的座椅、船用公共底座与油底壳、HXN5柴油机辅助系统、设备支撑架、端部装配、鞍式承载油箱、机油滤清器等十余种产品。另外，公司还将新型超级电容器电极材料的成果逐步应用于高速机车配件领域，与常州大学达成了有效的产学研合作。截至目前，公司通过自主研发和合作研发多种方式，已成功开发出多项市场化产品，并形成产业化生产，产销量逐年上升，为公司带来了较为可观的经济效益和良好的社会效益。

【高校】常州大学是一所省属全日制本科院校。学校有68个本科专业，涵盖工学、理学、管理学、经济学、文学等十大学科门类。有1个一级学科博士学位授权点、11个一级学科硕士学位授权点、7个工程领域和1个艺术领域硕士专业学位授权点。学校拥有1个国家级重点实验室（培育点）、7个省级重点实验室、2个省级协同创新中心、17个省级工程中心、5个省级人文社科研究基地、1个省级大学科技园孵化器。

智能车灯　照亮世界

——常州星宇车灯股份有限公司

【公司】常州星宇车灯股份有限公司成立于1993年，是一家研制、生产、销售汽车车灯的专业厂家，是国家火炬计划重点高新技术企业。公司位于常州高新技术开发区民营工业园内，占地面积165000平方米，是国内唯一的专业设计、生产汽车车灯的上市企业（上交所代码：SH601799）。公司拥有一支技术精湛、团结合作的高素质技术队伍，具有年产5000万只各类车灯的能力，具有符合ECE法规要求的国家级实验室，拥有国家级企业技术中心，是江苏省高新技术企业。公司拥有自己的模具加工中心和快速成型设备，具备了较强的产品研发、模具设计加工能力。通过技术创新，目前公司拥有有效专利556项，其中发明专利54项、实用新型专利310项、外观设计专利192项，其中一个产品获江苏省科技进步三等奖，产品市场占有率在全国内资企业中居第一位。

车载辅助需智能　创新产品需联合

汽车灯具是车辆夜间行驶的照明工具，也是车辆发出各种行驶信号的提示工具，作为汽车的"眼睛"，不仅关系到一个车主的外在形象，更与夜间开车或坏天气条件下的安全驾驶紧密联系。为此，常州星宇车灯股份有限公司在新技术研发、技术难题的攻克等方面积极探索产学研多元化合作模式，与上海理工大学加大合作力度与深度，充分结合双方的优势与特长，利用星宇股份设计、制造车灯的能力，加之上海理工大学在光学领域的研究造诣，成功地完成了该项目的各项核心技术指标、知识产权指标、产业化建设目标及相关经济效益指标。

在产学研合作过程中，星宇股份负责该项目的总体设计及具体实施，包括产品结构设计、热量设计、LED 设计、硬件设计、软件设计、工装设计与专机制造、模具设计与制造、机械自动化装备及检测、材料试验与检测、工艺改进、产品标准化等工作；上海理工大学则负责该项目的光学系统设计，包括配光设计、光学设计及检测与试验等工作。此外，借由此次合作，星宇股份与上海理工大学合作培养博士 2 名，目前 2 名博士在读。

攻坚克难　实现高端突破

常州星宇车灯股份有限公司为了有效解决技术难题，合作双方就产学研合作需要解决的技术难题进行研判。一是图像采集系统需进一步升级完善。采用同步视频记录及处理的实车图像采集系统，批量装车采集各种路况和气候状况的视频信息，增加 100 万组以上的数据信息，采用大数据处理方法深化智能算法的机器学习能力，在现有对前后车灯、车道线识别的基础上，增加对行人、路牌等新种类的识别，并将整体识别成功率提高到 95% 以上。二是实现以像素精度变光。在多路电机同步驱动的机械式变光机构基础上，研发设计多模组阵列式 LED 的远光机构，通过变频驱动不同的 LED 模组的亮度，将远光光型划分为精细的区域，实现以像素精度均匀变光，系统的响应速度也可由秒级缩短至毫秒级，并对图像识别出的危险区域和相关信息，用高亮提示和预警，完成行人预警和交通标识提示功能。三是提升远光照射距离。研发以大功率半导体 RGB 激光器作为光源的前照灯，采用光纤耦合传导技术将多颗半导体激光器的光功率集中提升至 10 瓦以上，光通量超过 2000lm，配光达到 GB4599 的要求；通过多路脉宽调制（Pulse Width Modulation，PWM）信号控制左右光源色温智能变化，改善雨雾天气的照明效果，并将远光照射距离提升至 400 米以上，提升图像识别器在恶劣天气和远端目标的识别性能和成功率。四是设计开发相应模具，实现产业化。根据系统设计的要求，综合考虑灯具的配光、结构、电气特性及散热性能等方面。利用 CAE 仿真软件，开展灯具的光型分析、结构振动分析、热量分析及 EMC 仿真分析。灯具和控制器的模具设计需要进行模流仿真设计，根据仿真结果，结合实际测试的结果，进一步优化设计，直至满足设计指标要求。设计冻结后，开模做出正式样件后开展产品验证，满足量产要求。五是相关性能测试。根据产品设计的功能性能要求及主机厂客户要求，模拟产品在各种环境条件下的应用情况搭建测试系统。结合环境设备开展性能测试，例如温度试验、振动试验、防护试验以及电磁兼容 EMC 测试。基于车灯质量要求严格，还需要进行一系列的可靠性测试和环境耐久性测试研究，以满足产品批量生产的可靠性。六是生产线的设计开发。为保证产品生产制造质量的可靠性和稳定性，设计开发自动化生产线。采用流水线架构，利用 CCD 摄像头开发机器视觉系统结合机器人实现视觉定位、自动抓取以及防漏错装零部件。研发多功能性能测试台对产品的功能、电气特性和光性能进行自动综合测试，减少人工的误操作，提高生产效率和生产质量。

产学研合作显成效

通过两年的摸索和实践，项目组不断攻克难题，解决了企业长期以来难以解决的技术难题，不仅实现了 400 米以内对面会车和前方跟车有效识别，将对车辆的识别成功率提升至 95% 以上，对道路和行人的识别成功率大于 80%，而且在 LED 矩阵式前照灯，变光类型多于 10 种，系统控制响应时间小于 200ms，整灯功耗小于 40W，光通量大于 2000lm；半导体激光前照灯，远光满足配光标准 GB4599；采用 RGB 光源，可变色温，光功率大于等于 10W，光通量大于等于 2000lm 等技术研发方面取得了突破。在项目研究过程中，累计申请发明专利 34 项，实用新型专利 36 项，外观专利 2 项，软件著作权 6 项。其中授权发明专利 1 项，实用新型专利 26 项，外观专利 1 项，软件著作权 6 项。此外，制定了 4 项企业标准。

与此同时，趁热打铁，对研发的高端技术进行了产业化生产，新增 LED 光源光学测试设备和软件、自动测试系统设备及软件配置、成像式配光机研发检测设备 53 台套；购置注塑机、机械手、镀铝机、UV 光固化线、热熔胶机、集中供料干燥机、贴片机等生产设备 45 台套；新建 1 条自动化贴片生产线，1 条自动化装配线，1 条控制器生产线；形成年产 20 万套的生产能力。截至 2018 年 8 月 31 日，项目产品销售收入 45717.86 万元，销售收入完成合同约定数 30000.00 万元预算指标的 152.39%。项目产品实现净利润 10284.33 万元，完成合同约定数 3900.00 万元预算指标的 263.70%。项目产品实际缴税 2909.03 万元，完成合同约定数 1900.00 万元预算指标的 153.11%。

【高校】上海理工大学以工学为主，工学、理学、经济学、管理学、文学、法学、艺术学等多学科协调发展，是一所上海市属重点建设的应用研究型大学。2016 年 7 月，学校成为国家国防科技工业局与上海市人民政府共建的国防特色高校。2018 年，学校成为上海市"高水平地方高校"建设试点单位。学校的动力工程及工程热物理、光学工程、管理科学与工程等学科长期居于国内领先地位，依托原隶属机械工业部的上海工业自动化仪表研究院、上海发电设备成套设计研究院、上海电器科学研究院、上海电缆研究所、上海材料研究所、上海电动工具研究所、上海工业锅炉研究所、上海电气集团中央研究院等共建"机械工业共性技术上海研究院"和"机械工业上海研究生院"，加强行业共性技术研究和创新人才培养，建成以"军工三证"为主的军工科研资质体系，光学、能源和控制三个领域被国防科技工业局批准成为国防特色学科。

核电开关　我来领军[①]

——江苏华冠电器集团有限公司

【公司】江苏华冠电器集团有限公司（以下简称"华冠集团"）始创于1996年，注册资金8050万元，建筑面积26000平方米，是高新技术企业，也是江苏省专业研发、制造、销售高低压成套开关柜和控制设备的重点企业，产品及解决方案广泛应用于全国主干电网、变配电场所、水力、火力、风力、核能发电厂、机场、轨道交通以及冶金、石油石化、煤炭等领域。如阳江核电、石岛湾高温气冷堆、三门核电站等国家重点工程以及巴基斯坦卡拉奇核电厂等海外重点工程。华冠集团坚持技术引进、消化、吸收与自主创新相结合的发展道路，集自身装备资源能力优势，先后与上海核工程研究设计院（以下简称"上核院"）、成都核动力研究设计院、上海交通大学、同济大学、东南大学等多家科研院所、高校建立了相对固定的产学研合作关系，与南京理工大学联合成立产学研合作基地，与中核工程公司、国核工程公司、国核自仪系统工程公司以及世界500强企业施耐德电气公司一直保持着良好的技术合作关系等。

初心不忘　匠心筑梦

核电作为我国正在大力发展的清洁能源之一，在满足我国电力需求、优化能源结构、保障能源安全、减少环境污染、实现经济和生态环境协调发展方面有着不可替代的作用。核电的发展有力地带动了核电开关设备制造产业的迅速发展。

---

① 本案例图片来源于江苏华冠电器集团有限公司。

根据国家能源局的核电发展规划，"十三五"期间，核电中低压开关设备每年约有 18 亿元的市场需求，为进一步研制相关系列产品，提升可靠性，保证质量一致性，迅速实现产业化，抢占市场，打破国外垄断，促进机械、材料、信息等配套产业技术和质量提升，作为省内重要的核电开关设备制造企业，华冠集团义不容辞地担当着行业技术及质保管理"领军者"的重任。

公司产学研合作研究项目较多，主要包括三代非能动核电厂中低压开关设备技术支持与服务；1E 级 MNS－H 低压成套开关设备抗震试验；智能型低压 APF 及 SVG 技术开发；第三代核电高可靠长寿命开关设备的研发及产业化等研究内容。

此项目由该公司自主研发，承担国家重大科技专项"大型先进压水堆核电站"中的"中低压开关设备鉴定试验及验证"研究，由上核院提供相关技术支持和技术服务。

目前，从市场角度来看，ABB 和施耐德占据了二代（法国的 M310）、西屋占据了三代（美国的 AP1000）核电开关设备的主要市场。对于国产化的三代核电（华龙一号和 CAP1400），保障核安全的关键电气设备：华龙一号紧急停堆、CAP1400 紧急停堆和主泵控制等开关设备，均被 ABB、施耐德、西屋等国外品牌垄断，国内还是空白。

从技术角度来看，我国核电设计一直遵循着翻版加改进，现阶段发展主流为以国家核电的 CAP1400、中核和中广核的华龙一号为代表的第三代核电，分别执行 IEEE 和 RCC－E 标准的技术路线，其技术方向、结构形式、保护方案上有着各自的特殊性，对开关设备的技术性能要求极高，国内产品还存在抗震水平、抗内部电弧、短路开断、电磁兼容性、防护等级、安全可靠性等技术方面的不足。以上两种因素，正成为制约我国第三代核电建设和设备国产化的瓶颈。鉴于此，为实现项目科技成果高效转化和科技资源充分利用，打破我国三代核电设备市场的国外垄断，填补国内空白，经与上核院产学研的积极合作，围绕项目产品制造技术目标和任务，明确了项目技术攻克难点：低压停堆开关设备的冗余安全研究并提高抗震水平；拓宽中压主泵开关设备的短路开断电流的频率范围；优化整机电场和磁场分布，保证绝缘性能通过环境试验。

公司通过建设工程技术研究中心，响应国家"核电设备国产化"的要求，把核电 1E 级高、低压开关设备成熟化、完善化，推向市场，取代进口产品，培养出一批高素质的工程技术研发队伍，成为行业技术的领军队伍，企业成为行业的领军企业，不断推出适用不同领域高端市场的智能化、高可靠的精品设备，为国家新能源开发建设、坚强智能电网建设做出自己的贡献。

过程是曲折的　前途是光明的

双方产学研合作关系正式建立伊始，华冠集团就对上核院的科研资源和院所状况进行了全面摸底，精准掌握了其核电开关设备相关技术的优势以及需求，为建立和实施高质量、精细化的技术要求、技术内容奠定基础。通过合作，双方共同经历了一个由点到面、由浅至深、由低到高的研发历程：

（1）2013 年 9 月，华冠集团立项进行三代核电厂 1E 级中低压开关设备的研发，从研发、技术、生产、检验、质保等部门抽出 18 名骨干，组建了研发项目组。

（2）2013 年 12 月，集团与上核院签订了《中低压开关设备鉴定试验及验证》的科研外协合同，承担 CAP1400 核电厂 1E 级反应堆冷却剂泵开关柜和 1E 级停堆断路器柜的研制及试验鉴定工作。

（3）2014 年 5 月，完成法规、标准、设计要求和鉴定要求的消化，确定研发中低压开关设备总体技术目标，包括产品功能、定位、选用柜型、寿命目标、环境要求（室内环境、系统环境、控制环境、电磁环境）、抗震要求等。

（4）2014 年 8 月，完成研究进口产品的设计方案、产品结构和鉴定试验过程，策划确定本项目产品的电气和结构方案、技术参数和鉴定试验方法。

（5）2015 年 1 月，完成编制产品技术条件、鉴定大纲、质保大纲和质量计划，用于指导和控制产品设计、制造、试验和鉴定的全过程。

（6）2015 年 3 月，完成技术方案初步设计，包括典型回路选取、接线方案、设备元器件选型、老化机理、加速热老化时间的计算、机柜结构及电气回路设计等，并修订完善鉴定试验方案。

（7）2015 年 9 月，华冠集团和上核院联合组织专家在常州召开了 CAP1400 核电厂 1E 级反应堆冷却剂泵开关柜和 1E 级停堆断路器柜鉴定大纲评审会，鉴定大纲通过评审。

（8）2016 年 1 月，在上海电器设备检测所完成元器件老化模拟及性能试验。

（9）2016 年 2 月，完成样机试制、出厂试验、样机评审与改进。

（10）2016 年 3 月，在上海仪器仪表自控系统检验测试所完成电磁兼容试验。

（11）2016年4月，在西安高压电器研究院完成主泵断路器柜的高低频短路开断试验（见图1）。

图1　主泵断路器柜的高低频短路开断试验

（12）2016年5月，在国家电器产品质量监督检验中心完成环境试验（见图2）。

图2　环境试验

（13）2016年7月，在国家电器产品质量监督检验中心完成抗震试验和震后的性能试验（见图3）。

图3　抗震试验和震后的性能试验

（14）2016年8月，进行产品（科技成果）鉴定。同年年底，通过中国机械工业联合会组织的一致鉴定。

合作研发结硕果　老树新花展新姿

研发了一体化抗震结构，防止多次地震的应力累积和疲劳效应，自振频率达14Hz以上，抗震加速度达7.08cm/s（见图4）。

研发了自次降温技术、材料抗老化配方和工艺，整机寿期达60年；设计了空气缓冲式耐电弧、抗冲击结构和门式导向泄压装置，抗内部电弧达50kA/1s。

设计了安全型二次联锁和活门机构、冗余导向定位装置、大容量快速接地开关等，耐受电流达50kA/4s，峰值150kA，更安全可靠。

通过产学研合作，该项目产品通过中国机械工业联合会组织的鉴定，技术达国际先进水平。目前，项目产品已进入批量生产阶段并逐步实行产业化推进。项

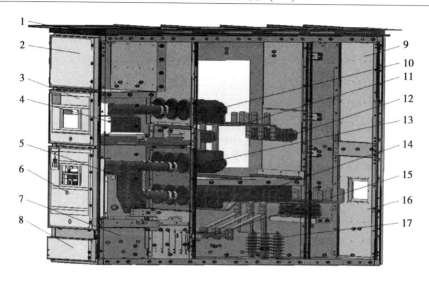

图4 主泵断路器开关设备结构模型

注：1. 眉头；2. 仪表门；3. 上门；4. PT车；5. 真空断路器；6. 中门；7. 前下室；8. 下门；9. 后上门；10. 一次静触头盒190；11. 母线装配；12. 绝缘子；13. 一次静触头盒208；14. 电流互感器；15. 接地开关；16. 后下门；17. 避雷器。

目实施期内，申请专利12件，获得专利授权12件，其中发明专利3件。参与制修订国家和行业标准17项，其中8件已发布。项目产品新增销售额1567万元，增进就业岗位60人，其中引进培养技术和管理人才20人。

通过本项目的实施，核心技术取得自主知识产权，提高国产核电开关设备的技术和质量水平，在实现企业转型升级的同时，带动了产品上下游产业链的技术进步和质保提升，对推动国内核电装备制造业及产业链的健康发展、打破国外垄断、平抑垄断价格、提升核电出口国际竞争力具有极大的促进作用及重要意义。

华冠集团非常重视科技投入，秉承"科技是第一生产力"，每年投入的研发经费支出占销售收入比例均大于4%并呈每年递增的趋势。

技术中心围绕公司产品制造技术目标和任务，调查研究主营业务行业现状及发展方向，与科研院所、高校建立产学研合作关系，增强技术创新能力，大力推进科技进步和发展，以科技创新提升公司竞争力，推广新技术新成果，为集团大步迈向"品牌化、专业化、国际化"之路提供强有力的技术保障。

通过近年来围绕产学研开展的科技攻关、核电标准等技术创新建设，使华冠集团提升了企业竞争能力，得到了行业内的肯定，自2013年以来，依次荣获省AAAA级标准化良好行为企业、省工业企业质量信用AA级、省科技创新型企业、全国守合同重信用企业、银行资信等级 AA 级；通过国家 CCC 认证、国家电网公司和南方电网公司供应商认证；通过中核集团、中核工程公司和山东华能石岛湾核电的合格供应商认证。

通过在产学研合作中不断改进和提升，双方共同明确了"合作研发"的模式，即：一方面，上核院利用其技术前沿优势，全面开拓项目研究的思路和广度，有效指导项目技术工作开展；另一方面，华冠集团发挥自身在装备应用方面的优势，为项目研究提供了必要的硬件支持。两者资源互补、充分发挥，加速推进项目科技成果转化、产业化，培养和提高了企业科技创新能力。

作为核电设备领域的翘楚，华冠集团将进一步领行业之先，继续把技术创新发展作为核心动力，以为国为民的家国情怀、精益求精的工匠精神，引领核电设备领域技术的发展，为提升江苏自主创新能力、服务当地经济社会发展做出更大的新贡献！

【研发机构】上海核工程研究设计院有限公司，始建于 1970 年 2 月 8 日，前身是七二八工程研究设计院，与中国核电同时起步。2007 年 6 月 25 日，整建制划入国家核电技术公司。2015 年 5 月 29 日，成为国家电力投资集团有限公司成员单位，是一家以核电工程研究设计为主的高新技术企业。

优势互补　引领革新

——常州同泰生物药业科技股份有限公司

【公司】常州同泰生物药业科技股份有限公司成立于 2006 年 10 月，注册资金 5560 万元，是一家集兽用生物制品研发、生产、销售、服务于一体的生物制药高科技企业，由海归领军创业人才傅振芳博士创建，是"新三板"挂牌上市企业。公司建有常州同泰兽用疫苗工程技术研究中心，已投资 500 万元，总面积 1200 平方米，包括研发部、质量部、实验动物房、应用试验基地和应用试验车间等，仪器设施设备均为国际领先；拥有世界一流的生产基地，占地 1.36 万平方米，共计百级洁净房 12 间，万级洁净房 52 间，十万级洁净房 42 间；拥有经 GMP 认证的兽用灭活疫苗细胞毒、胚毒两条生产线，兽用狂犬病灭活疫苗年产能 800 万头份，猪圆环病毒灭活疫苗年产能 850 万头份。

聚力赢变　创新谋发展

常州同泰生物药业科技股份有限公司与南京农业大学于 2015 年 1 月签订了项目名称为"猪圆环病毒 2 型灭活疫苗（SH 株）技术"的《技术转让合同》，经过 2015～2016 年的产业化实践，该项目于 2017 年取得了良好的经济效益和社会效益，是高校院所参与成果转化及产业化的典范。

本项目是具有我国自主知识产权、免疫效果好、病毒滴度高的 PCV2 灭活疫苗，并获得兽药生产批准文号，属国内先进水平。国内外对 PCV2 疫苗的研究主要是从灭活疫苗、构建嵌合病毒、亚单位疫苗、重组腺病毒基因工程疫苗以及核酸疫苗等方面进行。通过转让南京农业大学动物医学院姜平教授具有自主知识产权的技术并进行成果转化与产业化，常州同泰生物药业科技股份有限公司成为常州市首家，也是江苏省唯一一家上市的猪圆环病毒灭活疫苗生产企业。其技术特点如下：

1. 病毒规模化无血清培养，抗原含量更足

（1）本公司采用南京农业大学姜平教授筛选的 PK15 - B1 克隆细胞系培养（专利号：ZL200910181983.2，证书号：D947638）（见图1），灭活前病毒含量≥107.5 TCID50/ml。

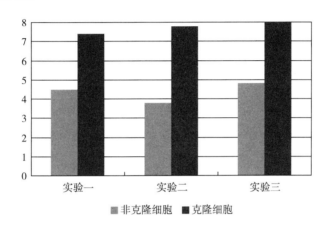

图 1　PK15 - B1 克隆细胞系培养

（2）使用进口无血清细胞培养基进行病毒规模化培养，病毒含量是普通培养方法的 100 倍。

2. 精细过滤工艺，抗原更纯净，应激更小

（1）采用独特的多级逐级过滤完全去除细胞碎片等异源蛋白，减少疫苗使用中的副作用。

（2）美国专家驻场指导，生产工艺更加完美，品质更加稳定均一。

3. 双相佐剂完美结合，免疫应答更快，保护期更长

（1）引进国际一流佐剂，佐剂颗粒度均匀，形成稳定的双相疫苗，增强免疫效果。一次免疫即可产生持久的抗体保护。

（2）制成的疫苗黏度低，吸收速度快，安全可靠。

（3）抗体效价高，免疫应答产生快，维持时间长（见图2）。

4. 增强猪群的抗病免疫力，提高生产率

（1）增强猪群的抗病免疫力，减少母猪带毒，提高猪瘟、伪狂犬、蓝耳病等疫苗的免疫效率。

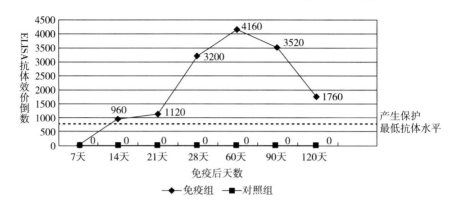

图2 免疫仔猪 PCV2 抗体水平

（2）提高母猪繁殖性能，降低死亡率、淘汰率，减少治疗成本。提高整齐度，提高饲料报酬率（见表1和表2）。

表1 仔猪死淘率

组别	仔猪数量（头）	出栏量（头）	死淘率	
圆益	595	576	3.2%	⬇ 死淘率
对照组	586	543	7.3%	56% 下降

表2 实验猪饲料报酬率

组别	实验猪（头）	均重（kg）21~28 日龄	均重（kg）175 日龄	耗料（kg）	平均日增重（g）	料重比
圆益	98	7.3	113.6	22293.2	690	2.140 : 1
对照组	82	7.1	109.4	20048.8	664	2.390 : 1

风雨兼程 追梦未来

1. 市场风险

目前，国内外对 PCV2 疫苗的研究主要是从灭活疫苗、构建嵌合病毒、亚单位疫苗、重组腺病毒基因工程疫苗以及核酸疫苗等方面进行研究。目前国内合法上市的只有四种猪圆环病毒灭活疫苗，常州同泰生物药业科技股份有限公司是常州市首家，也是唯一的一家疫苗生产企业，同时也是江苏省唯一一家上市的猪圆环病毒灭活疫苗生产企业。由于该项目产品有自己独特的性能和优势，抗原性强且免疫效果好，在国内同类产品中具有较强竞争力，市场竞争风险较小。

2. 人员风险

高科技产品产生的核心和科技企业发展壮大的关键，是公司拥有一支高素质、高水平的人才队伍。本项目由两名博士、两名硕士及多名本科、专科技术人员承担，公司坚持以人为本，确保技术人才拥有良好的工作、研发环境及待遇；依照法律程序制定合理的人员聘用管理办法，用先进的组织形式和企业运行机制吸引人才、留住人才、用好人才。

3. 资金风险

产品从研发、生产到销售，从输入到输出终端都要以资金为后盾。产品的性能改进、测试及试验费用，保障体系正常运作的管理费用，流动资金以及销售费用等都决定着企业的生存和发展。公司目前投入了 600 多万元的资金用于该项目研发和设备更新，同时还不断投入大量资金进行项目开发；另外将通过多种渠道进行融资，申请地方和国家对本项目的资金支持，以保障项目的正常运作。

4. 技术风险

公司一直与南京农业大学保持合作，本项目的研究已开展多年，在国内处于领先地位，并充分利用项目负责人在多学科结合研究的优势和良好的行业关系，与国外的研究机构和国内高校紧密联系，紧跟国际前沿研究技术，适时将新技术应用到本项目产品中，降低本项目技术风险。

纵横四海　再上新台阶

我国生猪饲养量居世界首位，猪圆环病毒感染引起的多种疾病已成为影响我国养猪业最重要的疫病之一，如我国每年出栏生猪约 6 亿头，按每头注射 2 毫升，每毫升 0.8 元计算，如出栏生猪中有 10% 注射本疫苗，每年的产值约 9600 万元。本产品的成功研制和开发，对提高猪病防疫水平，促进我国养猪业持续发展具有显著经济效益。本公司自 2015 年引进该项目，2016 年年底产品才上市获得销售收入 64.08 万元；2017 年市场拓宽销售即获得重大突破，全年累计销售收入达 893.58 万元；随着市场的进一步拓展，2018 年猪圆环病毒灭活疫苗产品的销售会再上一个台阶。

猪圆环病毒病是 20 世纪初随着种猪引进传入我国的，其严重后果并不是类似口蹄疫的直接致死率，而是如艾滋病一样摧垮生猪的免疫体系，降低生产性能。因此，本产品的上市将改善生猪的免疫力和生产性能，大力促进我国养猪业的发展，对社会主义新农村建设也具有十分重要的社会意义。

【高校】南京农业大学是一所以农业科学与生命科学为优势和特色，农、理、经、管、工、文、法学多学科协调发展的教育部直属全国重点大学，是国家"双一流""211 工程""985 工程优势学科创新平台"重点建设高校之一，入选"111 计划""2011 计划""863 计划""973 计划"和卓越计划，设有研究生院，是"双一流"农科联盟和高水平行业特色大学优质资源共享联盟成员高校。

苏世万物　利泽千秋

——江苏苏利精细化工股份有限公司

【公司】江苏苏利精细化工股份有限公司位于长三角地区。公司目前拥有江阴苏利化学股份有限公司、泰州百力化学股份有限公司、苏利制药科技江阴有限公司三家子公司，并在张江高科技园区设立研发分公司。2016年12月14日，苏利股份成功在上海证券交易所主板上市。公司主营业务为农药、阻燃剂及其他精细化工产品的研发、生产和销售；主要产品为百菌清、嘧菌酯等农药原药、农药制剂以及十溴二苯乙烷和溴氢酸等精细化工产品。公司产品广泛应用于农业生产塑料行业、建材行业等领域，具有较高的市场美誉度及品牌影响力。

精益求精　创新出成效

2014年1月，江苏理工学院与江苏苏利精细化工股份有限公司签署产学研合作项目。通过合作研究，已成功开发了系列环保型无卤复合阻燃剂，该技术已经被江苏苏利精细化工股份有限公司采用，并投入批量生产。

无卤阻燃高分子材料的开发与应用是高分子材料工程应用的重要趋势之一。随着环保和安全重要性的日益提高，在轨道交通内饰及结构部件的制造、家用电器部件制造、建筑装饰材料的制造等领域，世界各国和国际组织对防火材料制定并相继出台了相应法规和标准，环保型无卤阻燃剂的生产和应用显得日趋重要。

江苏苏利精细化工股份有限公司是一家专业生产环保型阻燃剂的企业，主要品种有双磷酸哌嗪、三聚氰胺聚磷酸盐等阻燃剂。企业为提高产品市场竞争力，与江苏理工学院合作，利用学校的人才优势、技术优势，以企业生产的阻燃剂为主要原料，合作开发符合市场需求的环保型无卤复合阻燃剂，研发内容包括：①无卤阻燃剂在不同聚合物中的应用技术；②无卤阻燃剂在聚合物应用体系中与其力学性能、耐候性、成型加工性等性能的内在联系；③无卤阻燃剂在不同聚合物应用中得到改性聚合物的微观结构与其性能的内在联系；④无卤阻燃剂与其他无卤阻燃剂复配技术，使其成为高效无卤复合阻燃剂。

技术创新　成效斐然

目前已经成功开发了阻燃效率高、热稳定好、耐水性好的系列无卤复合阻燃剂，分别用于聚烯烃塑料（聚乙烯、聚丙烯）、尼龙6、PBT阻燃塑料的生产。其中采用开发的复合阻燃剂生产的无卤阻燃尼龙6材料，通过常州金标轨道交通技术服务有限公司检测，达到了 TB/T 3237—2010《动车组用内装材料阻燃技术条件》要求，同时达到德国 DIN5510-2《铁路车辆防止燃烧第二部分：材料和结构的燃烧特性和燃烧并发现象》要求。该材料被今创集团股份有限公司成功地应用于轨道交通动车座椅回转部件制造。开发的聚丙烯无卤复合阻燃剂，具有优异的耐水性，弥补了市场上销售的无卤阻燃聚丙烯耐水性差的缺陷。采用了开发的系列无卤复合阻燃剂生产的阻燃 PP、阻燃尼龙（见表1至表5）。

表1　阻燃 PBT 的性能

性能	1	2	3
	无卤阻燃 PBT	无卤阻燃 PA6	无卤阻燃 PP
悬臂梁抗缺口冲击强度/$kJ \cdot m^{-2}$	3.75	5.24	6.43
弯曲强度/MPa	64.61	67.47	27.48
弯曲模量/MPa	2092.79	2199.14	1189.28
拉伸强度/MPa	38.92	45.01	17.43
断裂伸长率/%	7.70	11.53	74.19
热分解温度（Tg）/℃	415.4	355.7	448.6
维卡软化点/℃	114.5	191.0	71.6
发热量 kJ/g	25.89	26.04	34.9
氧指数/%	34.6	34.2	32

表2 无卤阻燃 PA6 复合材料按 TB/T 3237—2010 标准测试结果

检测项目	检测方法	指标	检测结果
氧指数/%	TB/T 3237—2010 GB/T 2406.2—2009	>35	35.1
燃烧性	TB/T 3237—2010 UIC 564-2—1991	A级	A级
烟密度	TB/T 3237—2010 GB/T 8323.2—2008	合格	合格
烟毒性	TB/T 3237—2010 Part 4.4	合格	合格

表3 无卤阻燃 PP 复合材料燃烧特性测试结果

检测项目	测试方法	已达级别	级别要求	检测结果
可燃	DIN54837：2007	S-4	损毁长度≤20cm， 续燃时间≤10s	18.6s 0s
烟雾生成		SR-2	光弱化积分值≤50%×min	4.95%×min
滴落物生成		ST-2	无燃烧的滴落物	无燃烧的滴落物

表4 无卤阻燃 PA6 复合材料按《ROHS》指令测试结果

检测项目	检测方法	指标	检测结果
铅（Pb）/mg·kg^{-1}	IEC 62321—5：2013 Ed.1.0	<2	0
镉（Cd）/mg·kg^{-1}	IEC 62321—5：2013 Ed.1.0	<2	0
汞（Hg）/mg·kg^{-1}	IEC 62321—4：2013 Ed.1.0	<2	0
价铬（Cr（Ⅵ））/mg·kg^{-1}	IEC 62321—2083 Ed.1 Annex C	<2	0
溴联苯（PBBs）/mg·kg^{-1}	IEC 62321—4：2013 Ed.1 Annex A	<5	0
多溴二苯醚（PBDEs）/mg·kg^{-1}	IEC 62321—4：2013 Ed.1 Annex A	<5	0

表5 无卤阻燃 PP 板材检验烟气毒性性能

检测气体	测试方法	参考浓度/p.p.m	检测结果/p.p.m
二氧化碳（CO_2）	DIN5510-2：2009	40000	22468.5
一氧化碳（CO）		1200	381.4
氟化氢（HF）		30	0
氯化氢（HCl）		50	34.3
溴化氢（HBr）		30	25.7
氰化氢（HCN）		50	34.6
二氧化氮（NO_2）		20	0
二氧化硫（SO_2）		100	0

上述三项研究成果已经申请国家发明专利，分别是：环保型阻燃尼龙6材料及其制备方法（申请专利号：201410833271.5）、环保型阻燃PBT材料及其制备方法（申请专利号：201510309013.1）、环保型阻燃聚丙烯材料及其制备方法（申请专利号：201510422261.7）。

【高校】江苏理工学院是江苏省省属全日制普通高校，是教育部本科教学工作水平评估优秀单位、"服务国家特殊需求人才培养项目"硕士专业学位研究生培养试点单位、全国首批职教师资培训重点建设基地和江苏省首批决策咨询研究基地。设有机械工程学院、化学与环境工程学院、教育学院等21个教学科研单位，建有新能源汽车学院、医疗器械学院、刘海粟艺术学院、赵元任语言文化传播学院等多个行业学院和研究院，开设58个本科专业，在机械工程、环境工程两个领域招收硕士专业学位研究生，形成了以工科为主、多学科协调发展的办学格局。学校紧密结合国家发展战略和区域发展特色，优化学科结构，加强应用研究，形成了环境科学与工程、机械工程、教育学等一批引领性学科，打造了"资源循环利用""职业技术教育"等学科亮点。

坚持原始创新　引领行业发展^①

——天合光能股份有限公司

【公司】天合光能股份有限公司（以下简称"天合光能"）创立于1997年，是全球领先的太阳能整体解决方案提供商，为中国早期登陆美国纽交所上市的太阳能企业之一，致力于成为全球能源物联网的引领者。截至2017年年底，天合光能组件累计总出货量突破32GW，全球排名第一，累计并网运营的太阳能电站近2GW。

"创新"是天合光能一贯秉承的第一发展战略。凭借强大的创新能力，2010年，天合光能获批建立了"光伏科学与技术国家重点实验室"，并于2013年成功通过科技部的认定，成为中国首批通过认定的光伏企业国家重点实验室。自实验室建设至今，企业已连续18次创造刷新了晶硅电池转换效率和组件输出功率的世界纪录，成为唯一进入世界最权威光伏电池发展地图的中国机构。

在创新的道路上，天合光能始终坚持以原始创新为主，掌握了多项核心自主知识产权。截至2018年7月，累计申请专利1459件，拥有有效专利831件，其中发明279件，有效发明专利拥有量居中国光伏行业领先地位。

天合光能积极参与全球光伏标准编制，代表中国首提IEC国际标准并正式发布，成为光伏行业的技术、质量、标准的引领者，开创了中国光伏行业参与国际标准制定的先河。截至2018年7月，天合光能共主导和参与国内外标准制定90项，其中已发布标准60项。

凭借企业自身雄厚的发展实力，天合光能被评为中国民营企业500强（位列203）、中国制造业500强（位列431），被国际权威认证机构DNV GL评选为

---

① 本案例图片来源于天合光能股份有限公司。

"全球最佳表现组件制造商"。根据全球权威机构柏亚天（PRTM）发布的全球光伏产业可持续发展指数，天合光能连续三年位居全球前二、中国第一。

同时，凭借在科技创新方面的卓越表现，天合光能获评"制造业单项冠军示范企业""中国电子信息研发创新能力 50 强""江苏制造突出贡献奖——技术创新示范企业"，江苏省"创新型企业百强"前三名，并荣获中国专利优秀奖（两次）、中国石油和化学工业联合会技术发明奖特等奖、中国机械工业科学技术奖一等奖、江苏省专利金奖、全国工商联科技进步二等奖、江苏省科技进步二等奖等多项科技荣誉。

第一，着力加大研发投入，打造高水平研发平台。

企业坚持以创新为核心发展战略，现已成为全球光伏领军型企业。企业研发投入占比逐年递增，2017 年研发投入 9.04 亿元，占当年营业总额的 4.25%。

企业建有光伏科学与技术国家级重点实验室，自 2010 年实验室获批以来，研发投入自筹资金超 65 亿元。实验室拥有国际一流的光伏产品检测中心和光伏系统检测中心，通过了 CNAS 资质认可，是美国 UL 在全球光伏行业首家授权的免目击实验室、组件制造商全球首家 CTDP 免目击实验室、德国 TUV 莱茵全球唯一授权的工厂目击实验室。截至 2017 年年底，企业共建设有国家级研发平台 2 个，省级研发平台 5 个（见图 1）。

图 1　天合光能建设平台

第二，整合全球创新资源，建设高水平研发队伍。

企业坚持面向全球集聚人才，构筑创新创业人才高地，打造了一支国际一流的光伏研发队伍。

在外部拥有包括被誉为"太阳能之父"的澳大利亚新南威尔士大学马丁·格林教授和来自德、日、美等国的顶尖光伏专家组成的学术委员团队；在内部拥有以专家皮尔·沃林顿博士为学术副主任和具有 20 多年美国、日本高科技研发经验、省"双创"归国人才冯志强博士为核心、十余名博士为骨干的技术创新队伍，研发能力达到国际领先水平，获批"青年拔尖人才"、江苏省"333 工程"等人才培育项目 56 人次。

第三，坚持原始创新为主，引进消化吸收再创新为辅，成就创新型领军企业。

通过原始创新，企业自主研发的 PERC 晶硅高效太阳能电池实现了中试量产，成为行业标杆；企业自主研发的 IBC 电池，先后三次创造了 IBC 电池的世界纪录。2018 年 2 月，企业自主研发的大面积 IBC 电池效率达到 25.04%，这是迄今为止经第三方权威认证的中国本土首次效率超过 25% 的单结晶体硅电池，也是目前世界上大面积 6 英寸晶体硅衬底上制备的晶体硅电池的最高转换效率。

通过引进消化吸收再创新，企业在以色列 Utilight 公司的研究基础上，突破了电池栅线激光转印技术的关键技术研究，攻克了电池表面电极处的性能差的重大技术难题，实现了栅线的无接触式印刷，完成了国际首台无接触精细机关转印设备的研制，并成功应用到企业生产线上，达到了提效降本的功效。

迄今为止，企业已连续创造刷新了 18 次世界纪录（见图 2）。

第四，积极布局产业前瞻技术，促进科技成果转化。

天合光能以政府科技项目为支撑，积极布局产业化前瞻技术的研发，先后承担和参与国家"863 计划"、国家"973 计划"、省科技成果转化等各类科技项目 60 余项。此外，企业积极与国内外顶尖的科研院所建立长期合作关系，共同致力于光伏领域前沿技术的研发，并积极推进科技成果的转化，至今已成功实现了诸如高效 PERC 电池组件、双玻组件、IBC 电池组件、HIT 电池组件、N 型电池组件等 10 余项前瞻性科技成果的转化，对光伏产业的结构化调整、行业的技术发展起到了巨大的推动作用。

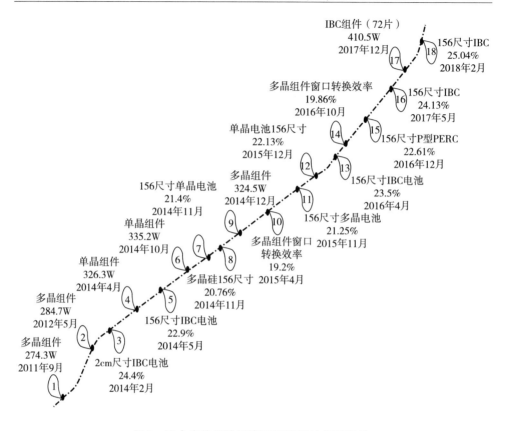

图2　天合光能累计创造和刷新18次世界纪录

【合作研发】与中山大学、南开大学、南京大学等高等院校联合培养专业技术人才，通过国家级博士后工作站、流动站联合培养科技创新、管理和学术人才。天合光能与新加坡太阳能研究所合作开发背接触太阳能电池，目标是在三年内将量产电池效率提高至21.5%，实验室测试电池效率提高至23.5%。通过与澳大利亚国立大学合作，天合光能小面积IBC电池光电转换效率高达24.4%，创造了当时IBC晶硅太阳电池光电转换的世界纪录；在此基础上，由天合光能光伏科学与技术国家重点实验室自主研发的大面积6英寸全背电极太阳电池光电转换效率达到24.13%。天合光能已在瓦伦西亚理工大学就专业的光伏培训项目开设特约讲座，并与其合作进行博士级别的光伏研究。

牵手智能　牵引变压[①]

——常州太平洋电力设备有限公司

【公司】常州太平洋电力设备（集团）有限公司是国内电力设备主要生产企业之一，集团现有固定资产近2亿元，占地面积20.53万平方米，建筑面积9.2万平方米，共有员工600多人。集团拥有从美国、意大利、德国、瑞士等国进口的总价值6000余万元的数控加工设备，主要有钣金柔性生产线、三维激光焊接生产线、激光切割机、回转式冲床、加工中心、车削中心、铜母线冲剪流水线、折弯机、全自动硅钢片横切线、低压箔式绕线机、铁心纵剪线、真空浸漆罐和变压器器身烘燥等。集团通过了ISO 9001、ISO 14000、ISO 18000认证，是省高新技术企业，建有江苏省输配电与节电技术重点实验室、省级企业技术中心和市级工程研究中心，实现了设计、开发、生产、服务、财务、办公的智能化及网络化管理。集团具有设计研发生产高低压开关成套设备、变压器产品的专业团队。

以技术领先国际　以诚信创造品牌

为落实国家科教兴国战略，促进科技创新，充分利用高等院校的技术、人力等资源以及先进成熟的技术成果，通过多种形式的合作，共同构建产学研联盟创新体系，建立产学研长期合作关系，共同推进企业与学校的全面技术合作，形成专业、产业相互促进、共同发展，努力实现"校企合作、产学双赢"。常州太平洋电力设备（集团）有限公司与西南交通大学共同协商，一致同意在优势互补、互惠互利、共同发展的基础上建立全面的产学研合作关系，实现优势互补、合作双赢，

---

① 本项目图片来源于常州太平洋电力设备（集团）有限公司。

共同完成"牵引供电安全服役技术研究——电气化铁路节能型牵引变压器研制"。

校企合作的目标产品是"牵引供电安全服役技术研究——电气化铁路节能型牵引变压器"，即为110～220kV超低损耗、大容量、节能环保智能型卷铁心轨道交通牵引变压器。本产品采用智能制造技术，解决了高电压等级卷铁心牵引变压器生产过程中铁心卷绕、铁心退火、变压器拼装移动等问题，空载损耗降低50%、噪音下降20dB、成本下降15%。同时，通过在变压器上集成传感监测设备，建立预警分析模型和经验知识库，在铁路牵引供电领域首次实现变压器运行全过程智能化预警分析，使铁路特种变压器的故障发生率大幅降低。

轨道交通牵引变压器是运行在铁路沿线每50千米一个高压变电所的核心设备，也是给运行中的机车提供牵引动力的关键设备。目前大容量铁路牵引变压器均采用叠铁心设计，损耗大、过负荷和抗短路能力弱、噪音大、运行成本高，而卷铁心设计可以解决这些问题。但受技术限制，国内外采取卷铁心方式生产的变压器仅限于35kV等级以下，而铁路上常用的110～220kV等级的尚处于市场空白。本产品解决了高电压等级卷铁心牵引变压器生产的技术难题，达到国际领先水平。根据轨道交通"十三五"规划，国内每年轨道交通牵引变压器市场规模超过20亿元。本项目的实施可填补国内外铁路行业这一空白，引领该领域的产品向节能环保智能化方向发展，进而提升我国轨道交通产业的国际竞争力。

1. 产品基本参数

产品名称：卷铁心牵引变压器。

产品型号：QYS－R－（31500＋25000）/220。

电压组合：220kV±2×2.5%/2×27.5kV。

额定容量：31500kVA＋25000kVA。

额定频率：50Hz。

阻抗电压：Ud1－23≈10.5%。

连接组别：V/X。

2. 产品结构

总体布置采用两台单相变压器放置于同一油箱中组成三相V/X连接牵引变压器的组合式结构。产品的主要组成部分是铁心、绕组、绝缘、油箱和操控组件，本产品相较常规牵引变压器最大的不同之处就是铁心由叠积式结构改为卷绕式结构，这种结构的铁心是卷铁心牵引变压器的核心组成部件，也是能否实现卷铁心牵引变压器优良性能的决定性因素。

3. 关键问题及解决方案

（1）铁心结构设计和制造。考虑该牵引变压器工频过电压、过激磁因素，为降低铁心温升，因此两台单相变铁心均设置一个散热油道。考虑到方便铁心油道的设置，每个单框铁心确定为由两个截面近视为半圆的铁心拼合而成，即每台单相变为单框双柱式结构。油道用绝缘扣的分布密度和形式由油流计算结果、铁心夹紧力和硅钢带走向决定。

铁心制造主要的难题是宽幅硅钢片曲线剪切、卷绕和铁心退火工艺的掌握。

与相关单位合作，经多次改进和完善自行研制了重型精密硅钢片曲线剪切机和卷绕机，曲线开料斜率控制精度达到了 1‰，卷绕齐整度误差保持在 0.5mm 以内。

铁心退火特别是大吨位铁心的退火工艺是空白，为此定制了 40 吨专门的铁心退火炉，应用热平衡原理，经多次小样测试，成功绘制出 144 小时全程退火温控曲线图，按此工艺控制，4 片（2 台）铁心均一次退火成功，退火后实测数据与设计值完全吻合。

（2）绕组结构和绕制方法。绕组采用双框并联方式，调压采用单相开关联调方式，降低突发短路时产生的电动力，提高变压器耐受短路的能力。高压线圈采用设置静电板环和内屏线段，增大纵向电容，极大改善了冲击分布。根据高压绕组波过程计算结果在绝缘薄弱点采取加强结构，确认饼间压差在许用值之下并保留足够裕度。

为解决饼式线圈的闭环绕制问题，自行创立了立式无模一体化线圈绕制技术，并研发了全新的卷铁心变压器立式绕线机。

（3）器身结构和组装。220kV 级全绝缘牵引变压器，首末端绝缘水平相同，根据高压绕组波过程计算结果确定屏蔽深度和屏蔽饼数，确定端部线饼放置加强型 U 形垫块的线饼数。

器身组装时采用整体线圈纵向加压方式，调整各线圈高度以压敏检测数据为依据，确保同相各线圈受力一致，以提高线圈承受短路的能力。

（4）绝缘可靠性保证。本产品以"电场强度"为牵引变压器绝缘结构设计的核心，模拟计算出牵引变在雷电全波冲击、截波冲击电压作用下高压线圈各点的对地电位分布及线圈饼间电位分布，并分析感应试验和局放试验时实际遭受场强，分别校验主、纵绝缘强度，合理地采取结构加强措施，使得器身内部各点保留足够的绝缘裕度。

（5）抗短路能力。牵引变压器的短路概率较普通变压器大得多，必须考虑最严格情况下受力情况，计算出在系统容量无穷大时的线圈每一个线饼所受到的各种应力，与其许用值相比较，有针对性地加强抗短路能力。

为降低短路机械力，本产品分接段采用双桥跨接型式，大幅降低了短路机械力，同时调整线圈的安匝分布、增加撑条档数、调整垫块尺寸，使应力校验满足要求。针对性地对安匝不平衡处、端部漏磁集中点、导线换位处、出线等薄弱点进行加强。

牵引、馈电绕组均采用高强度自粘性换位导线，它在烘燥后固化为一体，极大地提高了变压器的抗突发短路能力。将所有线圈绕制在 5 毫米硬纸筒上，并辅以外撑条。线圈垫块全部经过预密化处理，油隙撑条使用了撑条定位件。使用大量成型绝缘件，将导线换位处垫平，在线圈受轴向短路力作用时，每一根导线在轴向上均可得到有效支持。

采用高强度大板式夹件组成框架结构，使铁轭、夹件捆绑在一起，有效地夹紧铁心，对拉板、压板、下铁轭托板进行强度校验，以保证足够的抗短路机械强度。

（6）过负荷性能。应用漏磁机械力计算程序分析变压器漏磁场分布，计算夹件、拉板等结构件和油箱壁的漏磁和温升，根据计算结果布置隔磁槽，部分结构件选用无磁钢材，强漏磁区设置磁屏蔽等措施降低结构件温升至允许值以下，并保留足够裕度。

绕组采用油流导向结构，设置导向隔板、调整绝缘件结构、调整水平和垂直油道来控制器身内部各处的油流速度和油流量，有效降低铜油温升；采用高耐压强度的绝缘纸，在保证绝缘强度的前提下，减小了匝绝缘厚度，散热更有利；本产品采用双柱式结构，线圈分布在两个心柱上，热源分散，极大地降低了温升；适当放大饼间油道；综合以上措施，额定负荷下铜油温升不到10K，有效地控制绕组温度。

4. 产品创新点

（1）研制出了世界上首台 220kV 超低损耗超低静音卷铁心节能型牵引变压器。空载损耗比常规同类变压器降低 40% 左右，噪声下降 8～15dB。

（2）提出并开发了大型卷铁心的超齐整卷绕和精细退火控制技术和装备，实现了大型卷铁心的高效卷绕和退火。

（3）提出并开发了大容量卷铁心变压器的立式无模一体化线圈绕制技术，实现了卷铁心变压器线圈绕制技术的突破。

公司坚持多年投入，与西南交通大学通力合作优势互补，并积极寻找特种设备合作研发商，先后成功研发了 40 吨卧式真空退火炉和退火全程温控工艺，解决了大型铁心退火全程温度控制技术难题；研发了闭环式立式绕线机组和绕制工艺，解决了线圈绕制的技术难题；研发了宽幅折线开料和重载卷绕机及对应工艺，解决了硅钢材料的折线精密剪切和 20 吨单片铁心一次卷绕成型的技术难题。在结构设计、场理论验证、工艺方案优化和特种设备上的创新型研发，确保项目产品的研发成功。

把创新强企工作进行到底

1. 产品样本

产品样本如图1所示。

图1 产品样本

2. 产品检测报告

产品检测报告如图2所示。

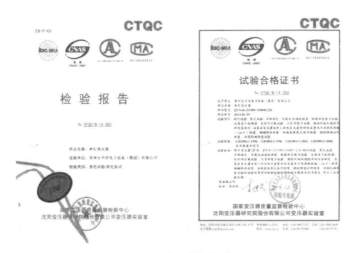

图2 产品检测报告

3. 证书

鉴定证书与意见如图3所示。

科技成果鉴定证书封面　　　　科技成果鉴定意见

图3　鉴定证书和意见

4. 用户运行报告

用户运行报告如图4所示。

运行证明

　　由西南交通大学、常州太平洋电力设备（集团）有限公司、中铁工程设计咨询集团有限公司联合研制的QYS-R-(31500+25000)/220卷铁心牵引变压器（中铁科研合同2013J010-F）于2014年12月28日在我局中南通道（现瓦日线）王家庄牵引变电所安装试运行，运行至今，安全良好，其各项性能指标均优于合同和标准要求，尤其在节能、降噪方面效果明显。

图4　用户运行报告

5. 批量生产产品发运现场

批量生产产品发运现场如图 5 所示。

图 5　批量生产产品发运现场

6. 发展前景预测

（1）新建电气化铁路市场预测。一条电气化铁路沿线设有多个牵引变电所，相邻变电所间的距离约为 40 ~ 50 千米，每个牵引变电所配置 4 台容量为 25000 ~ 60000kVA 的牵引变压器。

根据国家《中长期铁路网规划》，到 2020 年全国铁路营业里程将达到 12 万千米，其中电气化铁路将达到 7.2 万千米。当前已建成的电气化铁路为 4.8 万千米，至 2020 年每年还要新建的电气化铁路约为 3000 千米，新增牵引变压器、AT 自耦变压器每年的需求量约为 500 台，以平均每台 350 万测算，市场规模约为 18 亿元。

（2）既有电气化铁路改造市场预测。当前已建成的电气化铁路为 4.8 万千米，运营中的牵引变压器总量约为 3200 台。对既有电气化铁路牵引供电系统的改造也是未来铁路建设的一个重要方面，是《铁路"十二五"发展规划》中的一个重要组成部分，受新建铁路开工项目过多影响，具体的改造规模将会以 5% ~ 15% 的速度逐年递增，预计五年内实际的既有电气化铁路牵引供电系统改造每年的牵引变压器需求量为 250 台，市场规模超过 13 亿元。本项目建成后产品的投放时间，对既有电气化铁路牵引供电系统的改造速度和规模，将会产生重要的影响。

【高校】西南交通大学是教育部直属全国重点大学，国家首批"双一流""211 工程""985 工程""2011 计划"重点建设并设有研究生院的研究型大学，位于成都。学校建有轨道交通国家实验室（筹）、牵引动力国家重点实验室等 12 个国家级科技创新平台和 36 个省部级科研基地，构建起了世界轨道交通领域最完备的学科体系、人才体系和科研体系，围绕高速铁路、磁浮交通、新型城轨、真空管道超高速（1000＋）、超级高铁等领域大力开展基础研究与原始创新，构建了以世界公认的"沈氏理论"和"翟孙模型"为标志的铁路大系统动力学基础研究体系，科技成果三次入选"中国高校十大科技进展"。在轨道交通领域获得的国家科技奖励总数位居全国高校、科研院所和行业企业第一。

求索不辞万般苦　铸我坚盾扬国威

——中简科技股份有限公司

【公司】中简科技股份有限公司（以下简称"中简科技"或"公司"）前身为成立于 2008 年 4 月的中简科技发展有限公司，是专业从事高性能碳纤维及相关产品研发、生产、销售和技术服务的高新技术企业，主要产品为高性能碳纤维及碳纤维织物，产品各项技术指标已达到国际同类产品的先进水平，主要应用于航空航天领域。公司目前已经具备了根据用户需求，规模化定制产品的技术实力，而且在现有生产线上已经实现了柔性智能化生产，生产效率较高。

成立 10 年来，公司始终以国家战略基础材料——航空航天用高性能碳纤维国产工程化制备为己任，创业团队以科技工作者服务国防需求的远大抱负和定力，坚守主业不动摇，围绕航空重大型号需要，实现了具有自主知识产权的 ZT7 系列（Z 是"中国"的拼音首字母、T 是碳纤维）高性能碳纤维工程化的重大突破，成功自主设计了国内第一条百吨级的 T700/T800 级柔性工程化生产线，设备国产化率高达 98% 以上，关键设备全部实现国产化，打破了美国、日本等发达国家长期在航空航天用高性能碳纤维材料和装备上的国际垄断，实现了从关键原材料到重大装备的自主保障，使中国自己的原创技术提前三年成功应用在主战装备的主体材料上，为此荣获"国家高新工程突出贡献奖"。目前中简科技已成为我国航空航天用高性能碳纤维产业化的领军企业，形成了"以国家装备型号应用为牵引，军民深度融合为依托，政产学研用协同创新，基础研究和产业化技术相互支撑"的创新模式，是国家创新驱动发展战略和军民融合战略的成功实践，具有良好的示范效应。

懂得　舍得　等得

在发展壮大的过程中，我们深切地感受到，企业的成功发展一方面需要团队和市场的内因，而落户的当地政府作为外因，同样不可或缺。政府在把握规律的同时要有长远眼光，就是要做到懂得、舍得和等得。常州市委、市政府充分理解自主创新的道路曲折性和复杂性，以极大的热情和韧劲坚持为创新创业团队提供"保姆式"服务，主动发挥桥梁纽带的双向作用，搭建助推企业发展的金融资源、科技资源、资本资源和社会化人才资源等。在市、区两级政府的大力支持下，具有鲜明特色的军民融合产业创新平台已具雏形。常州市高新区提供约14万平方米的厂房供创新创业团队研发及产业化发展，将以中简科技龙头骨干企业为重点，以碳纤维重点产品链为纽带，以航空航天重大型号项目为依托，加大对产业创新平台精准、高效的服务和对接，着力打造以碳纤维及复合材料重点产业产业链为特色的军民融合产业高地。

创新型号应用与材料研发协同

结合总师机关思路，中简科技以"技术与质量并重"的研发新思路、"创新和管理融合"的研制新流程、"过程和产品统一"的质量监控策略，创新性提出"控制断裂延伸率"的创新设计理念和方法，使ZT7系列碳纤维的综合性能和稳定性明显优于进口同级别T700级碳纤维。以ZT7H碳纤维为基础和辐射，公司为国内航空航天八个型号定制国产ZT7系列碳纤维，型号装备性能大大提升。

2018年5月24日，有四位院士参加的X-XX工程三项国产碳纤维/织物材料鉴定会上，ZT7H碳纤维及其织物被与会专家一致认为："ZT7H碳纤维具有自主知识产权，与国产高性能树脂匹配性优良，综合性能优于国内外同类同级别碳纤维。鉴定组一致同意中简科技股份有限公司生产的ZT7H碳纤维及ZT7H3194U、ZT7H3198P织物通过型号新材料鉴定。"

以型号应用为牵引，中简科技结合国产新一代装备型号的需求和碳纤维技术产业化发展需求，设计开发出具有跨代意义的 ZT9H 碳纤维（综合性能可与国外最先进的 T1100 和 IM10 碳纤维相比肩），并已突破工程化关键技术，ZT9 系列碳纤维代表了国产碳纤维工程产业化的国家队水平。

市场化运作　产业化发展

中简科技始终以型号需求为抓手，研发费用常年占销售收入的 10%，不断的投入保证了产品的跨代发展，使中简科技具备了"国际亮剑"的实力。一方面，大量的研发投入产出的技术和产品直接为型号装备进行服务，有效地保障了国防建设需要；另一方面，从国家型号任务发展中获取国防科技创新的丰富资源和强大支撑，依靠产学研牵引，促进技术成果转化，反哺和提升民营企业的创新能力，做到互为融合、良性互动。

中简科技紧盯型号总师需求和科技前沿，以技术领先、注重应用作为工作的第一推动力，结合民营企业体制灵活、决策效率高、迅速对市场需求做出反应的特点，形成了更经济、更有效、可持续的产业化发展道路。

作为产业链的源头型企业，中简科技将围绕市场需求和提升产业的自主保障水平，持之以恒地围绕碳纤维及复合材料这个重点产业、重点领域精准发力，继续发扬创新创业精神，为我国军民融合战略和创新驱动发展战略走向深化、带动我国碳纤维及复合材料进入国际发展领域最前端做出更大贡献。

第二篇　合作研究开发

巧用 VR "钱璟"无限

——钱璟康复股份有限公司

【公司】常州市钱璟康复股份有限公司位于常州市武进国家高新技术产业开发区，致力于康复器材、辅具及康复医疗器械领域的发展，现已成为下辖15家子公司，销售成规模、知名度高，集研发、生产、销售、全国性服务、专业解决方案提供为一体的国家高新技术企业。

开创新疗法 四方来合作

VRA 项目是应用虚拟现实（VR）技术对孤独症（自闭症）儿童进行社交适应和情感表达训练的开创性项目。该项目基于多投影虚拟现实技术，旨在提供一个逼真的、沉浸式的、情景化的、安全的以及可控的康复训练环境。

孤独症是一种脑部因发育障碍所导致的疾病，其特征是情绪表达困难、社交互动障碍、语言和非语言的沟通有问题，以及常见的、表现出限制的行为与重复的动作，明显的特定兴趣。不能进行正常的语言表达社交活动，常做一些刻板和重复性的动作和行为。孤独症的病因仍然未知，美国国家疾病防疫控制中心发布的数据显示，孤独症在北美的检出率为 1/68，联合国所公布的数据与此数据基本吻合。若以我国全国人口普查数据中所公布的 0～12 岁儿童为 2.2 亿人计算，保守估计全国孤独症儿童约有 250 万人。目前，孤独症还没有治愈的方法，但医学界和学术界的普遍共识，是通过长期而专业的康复训练，孤独症患者能够更容易地融入社会，且开始接受系统性康复训练的年龄越小，其所能取得的效果就越好。

"虚拟现实技术治疗儿童孤独症"项目是江苏省产业技术研究院、香港城市大学、江苏省产业技术研究院生物医学工程技术研究所、常州市钱璟康复股份有限公司四方合作的引进落地项目，是典型的"产学研用"案例。

模拟情景　康复训练

VRA训练目前主要面对融合教育环境下的学龄自闭症儿童。儿童能够通过VRA训练掌握复杂环境下的社交行为规则，自我干预与自我放松的情绪管理技能，情感表达及情感识别技巧等，从而更好地在生活中应对不同社交情景，避免不必要的尴尬并获得更好的生活品质。VRA虚拟现实场景共有六个，包括在家中准备上学、校车与教室、图书馆、学校小卖部、操场（巩固情境）和四季（舒缓情境）。

VRA项目由香港城市大学多媒体及互联网技术创新应用中心（AIMtech Centre）为首领导研发。这一独特的计划基于香港城市大学多投影虚拟现实技术，旨在提供一个逼真的、沉浸式的、情景化的、安全的以及可控的教育教学环境。本项目在江苏省产业技术研究院、中科院苏州医工所以及钱璟康复的支持下，落地苏州展开，进行为期两年的本地化研究和内容扩充，目标是在团队在香港已取得的坚实成果和知识产权基础上，本地化虚拟现实场景，从深度和广度上扩充训练内容，产生新的知识产权并申请知识产权保护，从而为未来项目的商业化运作打下坚实的基础。

考虑到团队是以香港城市大学在此领域的研发经验为后盾，为充分发挥香港—江苏两地优势，项目的实施路线遵循香港团队进行前瞻性、探索性研究实验，苏州研发团队进行软硬件内容实施和产品化的总体原则。预计两年项目周期内，除完成现有虚拟现实情境的本地化工作外，从应用深度和广度上，设计、实施新的虚拟现实情境，撰写对应的训练规范和手册，并与本地NGO或医院展开合作，进行训练数据的采集和基本训练成本的回收。

脚踏实地　创造价值

目前，在中国内地，孤独症的康复训练存在鱼龙混杂、无标准、无评价体系等问题。很多声称有效的训练，其实根本没有进行系统而客观的评估。因此对于项目团队而言，迅速地将在香港地区所取得的成果输入中国内地，既有社会价值，也有商业价值。从项目起步角度考虑，在完成了虚拟现实情境的本地化后，将首先与本地 NGO 合作，进行 VRA 项目的示范性推广，服务有需求的家庭，并收回基本的训练成本。产品的最终形态由硬件基础环境、软件内容、培训服务、咨询服务等部分构成。

【研发机构】江苏省产业技术研究院是江苏省服务企业创新发展、促进科技成果转化的新型研发机构，希望通过合作，促进香港优秀科技成果引入内地并转移转化。江苏省产业技术研究院生物医学工程技术研究所是江苏省产业技术研究院的专业研究所，其运行主体为中国科学院苏州医学工程技术研究所全资公司苏州国科医疗科技发展有限公司。中国科学院苏州医学工程技术研究所是中国科学院系统中唯一以医疗器械、生物制剂和材料为主要研发方向的研究机构，康复工程技术是重点研发方向之一。希望通过合作，加强医疗康复方面成果的合作研发、引进落地，并推动产业化工作的发展。

【高校】香港城市大学是位于香港特别行政区的公立研究型大学，是香港政府资助的八所大专院校之一，是教育部认定的国家重点高校。作为本项目技术成果的拥有方，将技术许可给合作各方，供项目组使用并参与研究开发。

梦想起航　开创未来

——江苏启航开创软件有限公司

【公司】江苏启航开创软件有限公司位于江苏省常州市国家高新区创意产业基地园区内，是高新技术应用领域中专业从事医疗软件系统开发、维护等的软件公司。公司一直从事智慧医疗行业信息化规划建设工作，主要产品涉及医院信息管理系统、移动护理、掌上医院、银医合作、营养膳食、智能物流、临床路径、社区医疗、新型农村合作医疗、检验科管理系统、影像科管理系统、电子病历、智能叫号系统、网络工程、全成本核算等。公司拥有强大的技术团队，有多名行业内业务精英支撑着公司的业务发展。

争做领域先行者

公司在发展过程中一直是在顺应整个行业发展方向的基础上，明确企业发展目标，在不断完善 HIS、EMR 等产品的基础上，对医疗信息化行业中不断细分的一些领域进行先行者的姿态开拓创新，不断地满足医疗信息化日益发展的需求，全面提高医院整体信息化的水平。公司自成立以来，取得了多项资质荣誉：江苏省"双软"企业江苏省优秀软件产品金慧奖、常州市十佳软件企业、常州市名牌产品——启航 HIS、ISO 9001 质量管理体系标准、AAA 级信用评级单位、知识产权贯标企业。

在短时间内，华东已有多家三级医院、二级医院选择该公司产品。如江苏省人民医院、无锡市第二人民医院、常州市中医院、江苏省肿瘤医院、江苏省口腔医院、江苏省中西医结合医院、无锡市惠山区卫生健康委员会、南京市江宁区卫生健康委员会、南京市栖霞区卫生健康委员会、宜兴市人民医院、霸州市中医院、宿迁市儿童医院等。

智慧医疗服务　校企共同帮助

从 2015 年开始，公司与常州工学院就建立了良好的合作关系，合作研究开发产品主要应用于我国医疗卫生行业，实现医疗过程信息化管理，提升医院作业效能和实现信息共享。双方基于"三维一体"的智慧医疗服务系统研发项目展开合作。

本项目利用移动互联网、大数据、云计算、RFID 等新一代信息技术，结合现有医疗网络数据库和数据挖掘与统计分析方法，构建医疗数据全面感知、信息数据安全传递、医疗机构共享协作、数据智能处理的智慧医疗综合管理平台。平台以患者为中心，将医疗服务对象、手段、过程（挂号、在线支付、查询服务等）、管理等医疗业务流程优化（即就医流程再造），研发基于移动终端的掌上医院系统、现场银医自助设备（自助充值缴费设备、自助报告打印设备、微自助机）和窗口扫码自动支付软件。让数据"多跑腿"，让患者"少跑路"，最终目的是让患者"最多跑一次"或直接手机操作完成。

智慧医疗系统推荐患者使用身份证、医保卡进行挂号和缴费，对于推动实名制就医方面的发展起到一定的积极作用。实现实名制就诊后，可以使健康档案动态更新。

双方合作主要完成了以下指标：研发支持万级数量用户同时接入医疗信息平台，包括智慧医疗综合管理平台软件、掌上医院系统软件、现场银医自助设备和窗口扫码自动支付软件；申报知识产权 4~5 项；省内医疗机构推广应用 15 家以上，形成智慧医疗应用示范。本项目旨在建立基于"三维一体"的智慧医疗服务平台并结合移动互联网、大数据、云计算等新一代信息技术，不仅能实现医院现有信息资源的有效整合，而且能实现方便快捷的医疗服务，及时为患者提供各种数字医疗信息，提高医疗质量、降低医疗费用和改善患者对医疗服务的满意度。

在公司的产学研合作过程中，由常州工学院和江苏启航开创软件有限公司共同完成市场调研和需求整理，由常州工学院负责提供软件产品框架性技术解决方案，并进行软件产品和软件平台关键技术研发，由江苏启航开创软件有限公司负载软件产品和软件平台普通功能研发、市场推广、现场安装调试和产品售后服务。

在开发移动互联网应用平台过程中解决了诸多问题，系统面对不同的角色，充分结合医院业务需求和移动设备的特点提出掌上医院系统。常州工学院和启航开创通过合作研发的移动互联网应用开发平台，实现了以下目标：任意业务快速移动化，通过平台的快速开发能力，能够将任意传统 WEB 的操作业务移植到移动平台。多系统适应，掌上医院可以适应目前主流的 iOS、Android、WP7 体系。多设备适应，掌上医院可以在各种主流的不同分辨率、型号的设备中良好运行。掌上医院可以与 HIS 系统良好兼容，确保数据的准确性。

支付对账综合管理平台问题的解决：支付宝、微信、医保、银联、建行/农商行等不同的支付方式集成对于系统本身就是一个不小的挑战，所有支付方式进入平台以后财务对账对我们提出了更高的要求。双方在合作过程中，实地与客户单位进行流程确认，与支付宝方、微信方、医保中心、银联、各个银行分别确认流水号和对账方式，成功研发出了支付对账综合管理平台，并获取了知识产权。

构建智慧医疗　服务健康事业

在项目的合作过程，双方分工明确，合作进展顺利。目前已经对接的区域"三维一体"智慧医疗服务系统建设项目有：无锡市惠山区的"健康惠山"、南京市江宁区的"健康江宁"、南京市栖霞区的"健康栖霞"；已经对接的单个医院"三位一体"智慧医疗服务系统建设项目有：江苏省人民医院、南医大二附院、南京市口腔医院、宜兴市人民医院、江苏省肿瘤医院、六合区人民医院、溧水区人民医院、赣榆中医院、连云港东方医院等诸多二、三级综合性医院。

本项目的应用示范方面，项目的成功应用不仅能解决患者与医院之间的信息不对称，建立有效沟通机制；同时，对实现智慧医疗具有一定的辅助和推进作用，通过对预约挂号率、支付率、科室分析、人次分析等大数据的收集、分析、挖掘，可以对区域医疗资源的优化配置提供保障。"三个一"工程是深化医改的重要举措，是幸福家庭的有效载体，而智慧医疗则是关系到每个家庭医疗资源的重要载体。成功建立区域医疗信息化示范区，将有效带动整个医疗行业信息的科技进步，并对我国其他地区的医疗信息化管理提供可借鉴的参考标准，有助于提高江苏省医疗信息化在全国的水平。

【高校】常州工学院坐落于经济发达、文教昌盛、交通便捷、美丽富饶的江南历史名城——常州。学校是教育部和江苏省卓越工程师教育培养计划试点高校、江苏省服务外包人才培养试点高校、江苏省2011协同创新计划高校。伴随着国家改革开放的步伐，历经30多年的建设和发展，学校现已成为一所以工科为主，工、理、管、经、文、教、艺术等多学科协调发展，办学特色鲜明的应用型本科高校。

火神信念　行业标杆

——赫菲斯热处理系统江苏有限公司

【公司】赫菲斯热处理系统江苏有限公司成立于 2010 年 9 月，坐落于国家 5A 级旅游风景区天目湖畔，公司现有厂区占地总面积 19871 平方米，已建标准生产车间、仓库等 11271 平方米，办公用地 2182 平方米，生活用地 2082.7 平方米，是一家专业生产各类标准、非标准热处理成套设备、热处理生产流水线及各种保护气氛发生装置的高新技术企业。公司共申请专利 20 余项，已授权实用新型专利 18 项，发明 2 项。公司已顺利通过 ISO 9001:2008 质量管理体系认证，现为中国热处理行业协会理事单位、常州市热处理行业协会副理事单位、江苏省高新技术企业、江苏省民营科技企业。

高起点　高质量

公司具有专业的热处理技术、独特模块化的设计、组合式的配置方案和柔性化的应用特色。公司专业的热处理技术，解决了热处理设备及工艺在节能、环保、安全等方面的技术难题。公司的主要产品为各类自动化高的可控气氛热处理生产线、真空热处理生产线。同时可为热处理设备提供相应的辅助设施，并可根据用户要求设计制造各种非标热处理设备，提供热处理工厂规划，满足不同用户的需求。公司消化吸收国内外先进的设计、制造及管理理念，严格控制设备的设计、制造、安装调试全过程，从而保证了产品的优良品质。目前，公司已经取得发明专利 6 项，实用新型专利 30 余项，公司的产品已获得"江苏省高新技术产品"称号。

借力创新人才

公司不仅自身拥有一批高素质的设计、生产、管理及服务人才，其中大多数技术人员在本行业已从业多年，积累了丰富的专业知识和经验，还与江苏大学、常州大学等多所国内知名院校建立了紧密的"产学研"合作关系，并建立研究生工作站，为公司发展热处理技术及装备打好了技术研发基础。

为了研发新型高效节能渗碳热处理柔性生产线，公司与江苏大学开展了合作研发，研究领域涉及金属材料非标准热处理成套设备、热处理生产流水线等。具体研究开发内容和要重点解决的关键技术问题主要有：辊道式多品种上料自动化生产线及料盘记忆识别技术；智能渗碳处理柔性生产线设计与整合；高温气体渗碳热处理工艺及装备技术；智能渗碳处理柔性生产线的自动控制技术；油气分离净化及废气回收再利用技术；辊道式多品种上料自动化生产线及料盘记忆识别技术；智能渗碳处理柔性生产线的自动控制技术。

公司对此次项目研究的预期成果及效益主要是：项目完成时主要达到的目标与任务以及预期成果，重点是能提交的具有自主知识产权的创新性成果、高新技术产品、新样机、新设备、新品种，以及成果转化产生效果。

项目实施过程拟申请国家专利 2~4 件，其中发明专利 1~2 件、实用新型 2~3件，申报软件著作权 1 项、制定目标产品企业标准 1 项，力争成为行业标准。

双方预期研发成功一套具有完全自主知识产权的智能渗碳处理柔性生产线系统，适用于尺寸范围内的不同尺寸、不同金属材料、不同热处理工艺要求的智能化柔性渗碳处理系统，包含独创的首创环形双室、强渗与扩散完全隔离的结构，突破了不同材料、不同品种、不同层深要求零件的同批同炉渗碳热处理关键技术；通过采用底进料设计，显著提高生产线防爆安全性，极大地降低渗碳气氛中的氧含量，提高渗碳层质量技术；运用天然气、电混合加热模式技术。

公司在此项目研究方面已有基础：项目通过前期企业与江苏大学的合作，已在工作原理、技术方案、核心设备等方面具有了坚实的基础，下一步是生产线设计、整合与控制系统的设计。

该生产线装备由上料储料台、传送装置、前清洗机、推杆式预氧化炉、底进料换气室、推杆式加热炉、转底式渗碳炉、转底式扩散炉、推杆式淬火降温炉、淬火保温室、淬火油槽、后清洗机、推杆式低温回火炉、风冷台、卸料台及智能控制系统组成。整条生产线中，零件从储料台上料入炉后，全部处理过程在密封生产线内进行，从而大大减少能耗和油、气污染。

生产线中的各组成单元相对独立，通过生产线上的传动机构（料车、推杆及链传动）有机连接在一起，完成上料→前清洗→预氧化→加热→渗碳→扩散→降温→保温→淬火→后清洗→回火→风冷→卸料等全部过程。

公司具有多工位双环形转底热处理装备的技术基础，首次研发成功国内第一台双环形转底炉热处理装备，改变了传统边界模糊的静态生产工艺，严格区分加热、强渗、扩散、降温等工艺，并保持工艺连续性，最多可同炉同步生产 8 种不同结构、不同材料、不同渗碳层厚的零件；通过多点温度和多点碳势浓度检测控制技术，使各区工艺条件保持稳定，并确保炉内动态循环的料盘在均匀的温度和气氛中进行生产。该项技术突破了热处理品种多样化、功能区域复合化、可控气氛均匀化等关键技术，同时也避免了料盘出炉导致的空气氧化、炉内气氛外泄、热交换热量损失及污染气体的排放等，大幅度提高了零件的力学性能和服役寿命。

公司通过合作研发了预氧化、换气、加热等一体化复合工艺、多点同步燃气加热技术、底进料技术及风循环导向系统，解决了热量损耗控制、等温加热、污染气体排放、炉内外气体热交换等难题，可实现预热、预氧化、换气、加热一体化工作，使内氧化层厚度从传统热处理工艺的 25 微米下降到 15 微米，大大提高了零部件的组织性能；同时，底进料技术使室内临压面下降，减少了进入室内氧气的浓度，从而避免由此引发的爆炸事故。

研发的大型立式气密性淬火装备及金属板孔均匀搅拌技术研发用于直淬工艺的气密性淬火装备，主炉和油槽之间采用绝热中门隔开，采用双齿轮齿条传动技术确保绝热中门、导流门快速开启或关闭，使主炉和油槽、淬火升降台和出料升降台在密封工况下独立工作。安装大功率无级变速的油搅拌装置，淬火油经由轻质金属孔板均匀流过工件方阵，保证炉内油温的均匀性。通过多点热电偶和控温仪表监测装置实时调节油温，通过氮气覆盖密封避免淬火油过早老化。

合作研发的并行卧式回火装备及多点复合强冷技术，研发柔性结构的双炉并联式气密性回火装备，可用于多品种零件分区协同回火处理。炉内设置三处强冷风源和多处气体导风系统，同时设置三处管状电加热器，确保淬火后的零件迅速降温，并保持炉温的均匀性。炉内料盘采用轨道式输送技术，先进先出，在确保回火质量的同时，克服了多品种零件在不同炉温下生产的难题，提高了装备的自动化程度，提高了生产效率及材料的适应性。

合作有往来

公司与杨启志教授合作以来，完成了很多工作：

第一，科技研发。在杨启志教授的带领下，组成一个课题组，主要从事智能化渗碳处理柔性生产线系统研发工作。主要内容如下：辊道式多品种上料自动化生产线及料盘记忆识别技术，包含多种品种上料的机械手、物料输送装置、物料或零件在不同热处理工位的自动进出炉装置、传感系统设计；智能渗碳处理柔性生产线的自动控制技术，包含生产线总体控制策略、控制方法的研究、整体控制系统软件的设计、辊道式多品种上料自动化生产线及料盘记忆识别系统控制技术的研究；智能化渗碳处理柔性生产线产品的系列化方案研究。

第二，技术服务。协助企业进行未来产品科研发展方向的定位；协助企业完成相关产品知识产权的确定；帮助企业建立一支能够独立从事科学研究、产品研发的具有较强创新意识，了解产品世界、全国发展趋向的科研队伍；培养若干能够独立从事研发工作的具有一定知识结构的专业人员。

公司充分利用企业的资本、产业化优势和生产条件为杨启志教授提供新型智能渗碳热处理柔性生产线的设计、软件开发及样机实验场所，公司将拥有PLC软件可靠性测试台、炉温跟踪仪、多组分气体检测仪、示波器、信号发生器、热量表检定装置等多台套设备供科技副总使用，提供充足的科研经费（20万~30万元）、人力协助（配备本科学历助手2名）及设备材料等方面的生产研发要素，便于杨教授开展中试和样机整机试验工作。

耗能大户也能节能减排

该套智能化渗碳处理柔性生产线系统可主要用于汽车、高铁、船舶、风电、海洋平台等领域高性能关键零部件的渗碳热处理，也可用于各类五金工具、电动、液压、汽动元件、汽配、摩配等机械金属部件的表面、内孔、局部或整体淬火。对常州市高端机加工行业热处理技术的提升有很大促进作用，可以满足常州市高端机械制造企业产品质量的高要求，对促进该产业的发展意义重大。

在机器制造工艺过程中，热处理是耗能大户。其电能消耗一般为机械制造企业的20%～30%。可见合理选择热处理能源，有效和节约使用能源也是热处理生产技术发展和改造的重要出发点之一。推广高效节能环保自动化成套设备是机械制造发展的必然趋势，随着国家"十二五"规划方针的进一步落实，"节能减排"方针带动下的机械设备更替的趋势将势不可挡，预计国内总需求量将达100台套/年。预期后期项目产品的成交量将达到20台套/年，产值达3亿元以上。同时，大幅提升生产效率，减少用人成本，减少污染物排放。项目的实施将带动当地的相关产业的发展，对当地经济发展产生明显的促进作用，经济社会效益明显，具有广阔的市场前景。

热处理在我国尚处于发展阶段，目前国内热处理加工单位普遍使用的是传统的箱式多用炉和可控气氛井式渗碳炉来进行零配件的渗碳淬火，项目产品目前在国内外均处于领先水平，具有长寿命、高可靠等使用特点，经济寿命期预计25年以上，项目产品居世界领先，未来可占有一定的出口量，项目市场前景广阔。

【合作人才】杨启志，教授，2006年获江苏大学工学博士学位，机械工程专业。现任江苏大学农业装备工程学院（农业工程研究院）农业机械化工程系主任、江苏大学智能机器人研究所副所长。

竭诚合作　互利共赢

——常州青峰亿康机械有限公司

　　【公司】常州青峰亿康机械有限公司成立于2006年，公司以自有知识产权为核心，以国内领先的多种先进加工工艺为保障，是一家外商独资的集研发、生产、销售于一体的高新技术企业。公司位于常州高新开发区薛家工业园，占地面积16146平方米，厂房总建筑面积10292平方米。公司目前有员工130余人，其中机械工程师10人，生产一线中高级技工80人，生产二、三线员工19人，各类运营管理人员21人。公司致力于机械制造业，主要为国内外各类工业企业配套，生产加工用于专用机械设备上的精密零部件、交通轨道车辆用精密零部件、各类焊接结构部件，以及设计制造非标设备和生产线设备等。同时，公司被认证为江苏省科技型中小企业。公司目前已拥有30余项国家实用新型专利，一项发明专利。该公司与四川大学建立了校企合作关系，在四川大学的帮助下共同研发喷浆机和抹平机并且已经与四川大学确认建立人才实践基地。

校企联动

　　公司在产学研合作开展进行中，与四川大学开展合作项目"喷浆机和抹灰机结构研究"，主要由常州青峰亿康机械有限公司和四川大学共同完成新型喷浆机和抹平机的产品开发工作，主要工作内容包括喷浆机和抹平机的结构设计优化和仿真、成品实验等。研究领域主要涉及实用新型产品的设计开发。该项目合作模式为联合攻关和人才联合培养。双方围绕需要进行的新产品开发等工作进行联合攻关，将研究成果在实际生产中进行应用，使企业能够得到可持续发展。另外，双方在人才培养、项目及成果申报等方面进行全面合作并建立了学校实习基地。

本项目以该公司为主体，主要提供经费、资料、材料、试验场地与生产基地。合作学校为四川大学，充分利用四川大学的技术优势、信息条件、测试条件和人才培养方面的优势，结合公司多年的产品开发经验和工作，根据现有喷浆机和抹灰机的实际生产和使用情况，进行校企合作，设计和改进两类机器。四川大学主要工作内容为针对现阶段喷浆机和抹灰机在结构设计上出现的问题进行分析，并针对其中可改进部分进行结构改进。针对改进方案完成三维图制作、动画仿真和产品零件图装配图绘制。公司主要负责针对设计出的产品完成样机制作、检验以及完成相关产品的技术储备。

优化设计

此次项目面临一个很重要的问题，对于喷浆机，国内产品主要是采用螺杆泵送料，配合气泵将混凝土喷涂在墙体上。当前喷浆机存在的问题是长时间使用之后，螺杆泵的螺杆和橡胶套筒会产生间隙而且逐渐增大，这会对后期机器的正常使用产生很大的影响，所以设计合理的夹紧机构对于延长使用有积极的作用。

抹平机主要面临的问题是工作部件的传动方式存在不足，同时顶升机构稳定性差。现有墙体抹灰产品主要采用液压调整装置和气动装置对升降和抹灰力度进行调整。在机械传动中，液压传动的装置加工精度高，而且结构复杂、体积大，对工作环境要求严苛，后期维护不方便；气动传动必须有附属的装置，并且稳定性较差。因此两个传动方式也多少制约了抹灰机的推广和发展。

针对以上问题，公司与四川大学共同研究寻找到解决办法。在喷浆机产品结构及性能优化设计方面，四川大学针对喷浆机产品结构及性能存在的设计、工艺、质量等问题，开展工作：第一，按照"重量轻，成本低，安装拆卸方便，操作可靠"的要求，针对目前螺杆泵体夹紧机构造成椭圆度的不足，提出了螺杆泵体夹紧结构的改进方案，改进方案为：变一处夹紧为间隔90°的两处夹紧，以增加泵体的使用寿命，该改进方案不增加原夹具的重量，虽成本略有增加，但小于指标要求的1000元。第二，关于管路堵管问题及灰浆分层不均匀的改进，提出了在喷浆机内部通过增加搅拌机构的解决方案，而搅拌机构可以通过加长螺旋泵螺杆长度的方法解决。第三，关于克服"料仓加料劳动强度高"的问题，提出了配置送料辅助装置的方案，即在屋面高度设置一储料箱（池），灰浆供送斗车将灰浆倾倒于储料箱（池）内，配置一个螺旋输送器，将储料箱（池）内的灰浆输送到喷浆机料斗内。该送料辅助装置属于附件，若采用可以减轻加料劳动强度，若不采用也不影响喷浆机主机工作。第四，论证及比较了泵送方案，认为在目前工地施工条件、成本控制、技术现状等条件下，暂时不宜采用泵送方案，仍然宜采用"人工斗车＋升降机"的灰浆供送方案。

四川大学课题组重点围绕传动方式改进和传动结构优化这两个方面进行产品设计。传动方式经过讨论由原有液压起升调整为剪式起升。行走轨道为下部方管内部套上部圆管，圆管可相对于方管任意位置伸缩，行进时圆管缩回，工作时圆管伸长至天花板和地面形成支撑以保证轨道直线度。由于下半部分为方管，上半部分为圆管，因此需要设计一套轨道转换装置使执行器自由在两条轨道上切换行走。上移动器侧固定一个顺序锁扣，其内有内框、外框、斜上齿条、弹簧。当执行器从下向上运动时，带齿插叉插入顺序锁扣使执行器随上移动器沿圆管上升；当执行器从上向下由圆管运动至方管时，方管上的无齿插叉插入顺序锁扣并拨动带齿插叉脱离，使执行器脱离上移动器而沿方管下降（该执行结构已获得发明专利和实用新型专利各一项）。

基于该发明专利，四川大学设计出了抹平机3D模型并对其进行了技术评估，从理论计算与技术的角度，认为方案能够满足性能、质量、规范与效率的要求，并基于仿真结果对其中的薄弱环节提出了改进方案。另外，对内墙面抹平机具体结构的设计提供了解决方案，包括机架结构、机架伸缩机构、抹灰执行器爬升机构、电气控制系统等。基于该设计方案公司对产品进行了样机试制，并进行了多次加载试验，获得了相关力学参数，并基于获得的参数对产品进行了合理改进。

好事多磨出成果

根据抹平机结构的特点，以公司为第一申请人与专利权人，协同四川大学共同完成了2项专利的撰写与申报工作，其中1项为发明专利。到目前为止，"具有执行器轨道转换的内墙自动抹灰机"实用新型专利已于2016年2月14

日正式发文授权（授权号：ZL201520908680.7），另一发明专利"内墙抹灰机执行器轨道转换方法与抹灰机"已于2016年4月27日正式发文授权（授权号：ZL201510780778.3）。公司对于喷浆机和抹灰机的产品研发已经具有了充足的技术储备，对相关产品所涉及的有关设计、工艺、制造等流程等已积累了丰富的经验。这些经验不仅能够应用于相关产品研发，对后续新产品的开发也至关重要。

本项目合作模式为联合攻关和人才联合培养。本公司属于加工型企业，对于结构设计拥有自己的一套设计流程。该设计方法优点是能够结合原有产品相关设计经验快速设计出结构满足所需要求，但创新性不足；四川大学作为科研型单位，对结构设计往往能够有自己独到的见解，创新性很强。但其主要面临问题为缺少实际加工经验，设计结构往往无法应用于实际加工中。因此围绕需要进行的工作，双方开展全面的合作进行联合攻关，在兼顾创新性的同时又符合实际加工能力，同时依靠企业生产能力将研究成果转化为实物，在实际生产中进行应用，使企业能够得到可持续发展。另外，该合作项目往往是企业根据发展的需要和实际情况所提出的亟须解决的问题，这些问题的恰当解决有利于企业突破自身瓶颈，增强自身研发能力。基于合作项目，双方在人才培养、项目及成果申报等方面进行全面合作，为双方都培养了相关结构设计方面的优秀人才。

本项目的开发，将会带动公司及本地区的施工机械水平再上一个台阶，并间接促进本地区施工机械水平的进一步提高和发展。一方面，通过与四川大学共同完成科技研发攻关，锻炼和培养了一批相关项目的工程技术人才，为企业的长期发展奠定了坚实的基础。正是基于该项目的圆满完成，本公司和四川大学经过前期准备，于2017年在公司建立了四川大学卓越工程师实践基地，并制定了实习实训方案。通过安排学生参观和实际动手操作，选派专业技术人员、管理人员具体指导。在条件允许的情况下，接收学生参与单位经营管理、生产管理、技术创新、工程开发和新产品研发工作。组织技术人员和管理人员担任兼职教师，共同开设课程、指导学生实习实训、毕业论文和设计。公司在完成多名四川大学学生培养工作的同时也积累了宝贵的培训经验，在公司内部形成了一套完整的人才培训体系，对公司发展具有极大的帮助作用。另一方面，实习基地的建立也让四川大学的学生们更深入地了解到常州市政府对高端人才引进的渴求，对大学生来到常州就业也起到了极大的推广作用，有助于加快推动常州市创新驱动发展战略的实施。

【高校】四川大学是教育部直属全国重点大学，是布局在中国西部、"双一流建设"、"985工程"和"211工程"重点建设的高水平研究型综合大学。现有博士学位授权一级学科44个，博士学位授权点349个，硕士学位授权点443个，专业学位授权点32个，本科专业134个，博士后流动站37个，国家重点学科46个，国家重点培育学科4个，是国家首批工程博士培养单位。学校科研实力雄厚，标志性成果不断涌现。学校现有13个国家重点实验室、国家工程实验室、国家工程技术研究中心及国家地方联合工程实验室等国家级研究基地。

安全监控　持之以恒

——江苏三恒科技股份有限公司

【公司】江苏三恒科技股份有限公司是股份制形式的高新技术企业，是我国煤矿安全生产监控领域的知名企业。注册商标"三恒"是中国驰名商标。公司产品主要有三个专业方向：矿山安全、矿山通信、矿山自动控制。公司拥有高新技术产品29项；软件著作权88项；专利共88件，其中发明专利13件、实用新型专利68件、外观专利7件。公司获得国务院颁发的"国家科技进步二等奖"两次、"部级科技进步特等奖"一次、"部级科技进步一等奖"两次、"省级科技进步特二等奖"一次。参加起草"国家标准"一项，主持起草"行业标准"两项。公司通过自主研发和产学研合作的形式，先后承接了国家重点研发项目、省工业支撑项目、省战略推进项目和省科技成果转化等重大科技项目；近年来不仅与国内外知名的大型企业合作，还与国内知名高校建立了"产、学、研"一体的立体合作方式。

校企合力　协同创新

为了继续创新，公司与中国矿业大学开展合作项目——基于物联网的矿山灾害监控预警系统研发与产业化。本项目主要研制一款以防治矿山瓦斯、粉尘、透水、冲击地压和微震等灾害为重点，运用传感技术、微震技术、激光技术和有线、无线通信技术，通过集成各类监测系统、人员管理系统、控制系统和建立矿山灾害预警分析模型和经验知识库，实现矿山作业各环节全程监控、系统多级预警、灾害应急的整体技术解决方案，攻克了矿山安全生产与管理中的重大技术难题,构建了矿井重大灾害防治和灾害事故预警处理一体化的物联平台,可广泛应用于矿山灾害的综合防治,减少人员伤亡和灾害损失,提高矿山安全管理效率。

项目是综合瓦斯、矿压、粉尘和水等煤矿多维基础数据,利用专家模型,进行煤矿灾害的监测、预警和治理。矿山灾害监控无线节点及传感一体化设计;无线网络部署与优化;先进的微震快速精确定位技术;矿山灾害的专家模型。

双方就合作确定了主要针对方向,双方针对瓦斯预警系统、水灾预警系统、火灾预警系统、煤尘预警系统、煤与瓦斯突出预警系统以及冲击矿压预警系统的物理和数学模型的基础研究,同时设计灾害预案及相关控制流程。建立灾害分析模型和知识库,创新性地研发 5 级灾害预警模型,提供最佳救援及逃生路线分析、灾害影响区域分析判定、最近逃生地点分析、人员定位分析等功能。

开发矿山灾害专家系统平台,依据模糊信息融合理论,优化预警分析数据模型,完善专家模型系统、上位机程序和提高软件的冗错能力,将产品的预警分析精确度提高到80%、响应速度小于等于2s。对各类软件进行冗错能力研究,在原冗错模型基础上通过数据流分析技术来重新设计新的软件冗错方法和冗错策略。研究如何利用最小充分卷回定理与备查点数据范围定理,来解决时间冗余容错途径中必须面对的两个基本问题,从而真正提高软件的冗错能力。

开发和优化矿山灾害三维建模系统,利用 GIS 功能,完善和丰富灾害预警平台。构建矿井重大灾害防治和灾害事故预警处理一体化可视平台。

优化矿山震源快速自动定位模型,引入时间参数,实现四维定位,从而使产品对矿山动力灾害定位精度≤20 米、事件传播速度误差≤10%。研发高灵敏度检波器,达到 $1V/m/s$;将单纯形法则与伴随梯度法相结合,研发新的微震分析模型,使产品标注 P 波初值误差≤5%,监测能量范围达到 $102 \sim 1010J$。

在预警系统模型开发过程中,三恒科技具有多年的监控技术积累,从数据采集到数据存储以及数据展示基本都能按期完成开发工作;中国矿业大学科研团队在数学建模、地质分析、物联网研究等专业性研究上有着企业所不能比拟的优势。然而由于前期两方独立研究、通过文档及远程会议的方式沟通,项目中期出现进度失控现象:预警软件的数据无法直观反映矿山的实际状况、通过仿真验证的算法模型出入太大,并且无法验证结果的正确性。

通过双方沟通,发现问题主要出现在跨专业研究部分。企业员工有着很强的编程能力、较为完善的项目研发机制,但缺乏煤矿专业知识和强大的数学分析能力,原始数据无法转换导致整个预警系统缺少灵魂;而院校团队刚好相反,专家们有着深厚的学术知识,配合他们扎实的数学功底,建模并不是很困难,通过仿真软件也能够按期实现科研项目，但是他们缺少专业的软件人员，同时也没有第一手的矿山数据，无法将科研成果转换为生产力。

经双方协商，本公司出一个设计团队与学校团队一起开发，发挥各自所长共同完成预警系统，同时共享公司众多用户的原始数据，进行大数据的分析、测试、验证，逐步打破了技术壁垒。

<h2 style="text-align:center">三方效益齐兼顾</h2>

经济效益方面，本项目大部分指标优于国内其他矿山安全生产物联网系统，总体技术水平达到国际先进，填补国内空白，可替代相关进口产品，具有很强的市场竞争力和广阔的市场前景。项目成果通过产业化建设后，2014～2016 年度生产各类系统共计 900 台（套），累计新增收入约 2.36 亿元，新增利润约 3200 万元，有效推动了江苏省矿山物联网产业化。

目前公司与 400 多家矿山有着深入的合作，同时与 10 多家高校建立了长期的产学研合作关系，未来可通过现有客户和合作的院所联合进行产品推广。同时通过与学校的深度合作，院校将更多的最新科研成果与企业共享，双方以最快的方式将其转换为新产品，必能获得更多的收益。

生态效益方面，通过本项目的实施，加大科研投入，加快科研平台和研发队伍建设，规划和建设国家级矿用自动监控网络系统工程技术研究中心，并积极与高校和科研院所合作，推动院士工作站的建设工作，为企业的发展壮大提供强有力的技术支撑。

社会效益方面，本项目符合《国家中长期科学和技术发展规划纲要（2006—2020 年)》关于重大生产事故预警与救援的战略目标，解决了我国煤矿安全生产重大技术问题，为煤矿安全生产提供科技支撑。通过产业化建设，形成国内最大规模的矿山灾害综合监控与预警系统产业化基地，推动了江苏省矿山物联网产业的发展。本项目成果还可推广到金属矿山等其他行业安全生产领域，具有重大的社会意义。

【高校】中国矿业大学是教育部直属的全国重点高校，同时也是教育部与江苏省人民政府、国家安全生产监督管理总局共建高校。作为一所具有一百多年办学历史、特色鲜明的多科性研究型高水平大学，对我国煤炭能源行业和地方经济社会发展发挥着不可替代的引领和支撑作用。学校建设了完备的高水平科技创新平台，拥有2个国家重点实验室，2个国家工程（技术）研究中心，1个国家地方联合工程实验室，4个教育部重点实验室，2个教育部工程研究中心，17个其他省部级重点实验室、工程（技术）研究中心（含研究基地），2个省级协同创新中心以及低碳能源研究院和物联网（感知矿山）研究中心，建成了1个国家大学科技园。

绿色技术 "三废"变宝

——江苏华达化工集团有限公司

【公司】江苏华达化工集团有限公司成立于1990年，注册资本3000万元，公司专业从事萘系产品和橡胶助剂产品研发、生产和销售的高新技术企业。其中萘系产品甲萘胺、甲萘酚的生产产量和销售在全国同行业位居第一。现有研发人员45人，建有江苏省含氟农药化学中间体工程技术研究中心，拥有发明专利7项，实用新型专利4项，作为第一起草人参与制定国家技术标准5项，与南京大学、北京化工大学、常州大学等高校签订了产学研协议。近三年研发投入2603万元，占主营收入比例为3.67%。

强强联手

公司主要产品是甲萘胺，其生产工艺采用硫化碱还原，虽然经过多年改进、完善，"三废"均得到很好的处理，但反应母液的处理仍占用很多成本和资源，公司一直在寻找更好的生产方法。

南京大学化学化工学院沈俭一教授的研发团队开发了高活性的 ND-2 催化剂，由于其特殊的技术特征，因而具有很强的抗硫中毒性能，这一关键创新技术通过初步用于硝基萘加氢还原生产甲萘胺的反应考察，催化剂在1500小时内没有失活，展现了良好的工业化应用前景。

项目技术团队于2015年成立，该团队拥有高级职称人员3人，研究生3人，工程师5人，由华达化工集团和南京大学的成员组成。同时采用固定床催化加氢技术，在固定床反应器中，催化剂以较大颗粒的形式堆积在反应器中，是不能移动的固体物相，而反应物和氢气则在催化剂颗粒之间流动，在穿过催化剂床层的过程中发生加氢反应，在流出反应器时，加氢即已完成，使加氢和产物分离"一气呵成"，简化了操作过程，提高了自动化程度，可以获得品质优异的产品。

基于双方各自优势与技术基础，开展合作项目——1-硝基萘催化加氢绿色生产技术的开发。

目前 ND-2 催化剂已经稳定运行了 1500 小时，下一步将持续催化加氢，考察催化剂的最终使用寿命，优化 ND-2 催化剂在 1-硝基萘加氢过程中的应用条件，使催化剂活性稳定 5000 小时以上，加氢转化率达到 100%。通过调整催化过程中的温度、氢压、装料系数等参数来延长催化剂的使用寿命和提高转化率以及回收率；解决目前小试过程中发现的焦油现象严重的问题；提高溶剂的回收率。

该技术通过连续的实验验证，目前催化剂寿命已经达到 5000 小时，目前该装置还在继续连续运行，考察催化剂的最终使用寿命。在运行的过程中已经摸索出了最佳的催化温度、氢压、装料系数。

展望未来 前景无限

该项目目前处于小试阶段，未进行工业化生产，所以未产生经济效益。江苏华达化工集团生产的主产品甲萘胺产品，产量世界第一，质量稳定。本项目的实施，将直接提高企业的清洁生产水平，增强企业的竞争力，稳固企业在 1-萘胺行业中的地位。经过研究开发 1-硝基萘催化加氢技术，定会实现 1-萘胺加氢生产的工业化。项目工业化以生产 1-萘胺 1 万吨/年计，企业每年可以取代硫化碱 10000 吨，硫黄 3000 吨，减少大苏打母液 40000 吨，取消废水处理系统后，可以减少大苏打 18000 吨，节约蒸汽 20000 吨，节约电量 300 万千瓦时，减少固废 2000 吨/年，产品的清洁生产水平大大提高。工业化技术的成功将带动萘系列产品的生产还原技术实现大的飞跃（目前整个萘产品行业由于原料的特殊性，仍采用落后的还原技术，污染压力大，处置成本高，像 H 酸等市场容量约 5 万吨，采用催化加氢技术可减少废水排放 10 万吨、固废 1 万吨），达到减少污染物排放，促进行业的进步和发展。

【高校】南京大学化学化工学院是我国最早设立的化学院系之一，始建于

1920年，后由原中央大学化学系和金陵大学化学系合并成立南京大学化学系，1993年成立化学化工学院，学院化学学科为一级学科国家重点学科。学院现有教职工240人，其中教授101人，副教授54人，博士生导师92人。教师队伍中有中科院院士5人，教育部"长江学者奖励计划"特聘教授、讲座教授13人，国家杰出青年基金获得者19人，国家优秀青年基金获得者5人。该项目研发团队主要负责人是沈俭一教授，获国务院政府特殊津贴，主要从事催化剂的合成，以及在加氢过程中的使用等方面的研究，特别是在催化剂抗硫中毒方面有着杰出的研究。拥有30多项发明专利，发表国内外重要学术论文270余篇，先后承担国家级、省级项目15项。

精于行业　精于领域

——常州雷慕网络科技有限公司

【公司】常州雷慕网络科技有限公司是一家专业从事 VR 内容制作的公司，公司主要业务内容有：VR 三维深度交互、VR 影视、VR/AR 教育、VR 婚礼、VR 全景漫游、VR 直播、VR 虚拟社交以及为客户提供相关 VR 拍摄和技术服务。公司与全球先进的裸眼 3D 制造商"康得新集团"达成深度合作，吸纳国内领先的文化创意内容设计团队，旨在以裸眼 3D 技术及 VR 技术来大力发展文创事业，通过领先的创意设计理念来完善各项技术领域。其业务核心是为企业、品牌、个人或社会团体解决宣传推广问题，解决企业面临的宣传创新难题，助力企业创新发展。专业的文创事业团队利用新型科技技术的融合应用，以此来更好地服务客户，创造价值。公司业务覆盖了房地产、城市交通、旅游景区、博物馆、商业场所、影视、教育培训、婚礼、汽车展示等诸多行业，始终坚持以"专注、专业、品质、服务、价值"为理念，坚持与创新实践与规范化管理相结合，深耕细作、原生共创。

助力儿童早教

儿童读物以图片为主，辅以少量的文字解说，丰富多彩的图像能够激起孩子们的阅读兴趣，但识字能力的欠缺却会在一定程度上阻碍他们获取有效信息。本项目充分应用最新的交互技术与增强现实技术，创新儿童阅读方式，激发儿童阅读兴趣，开发智力，寓教于乐，是对传统的儿童早教出版物的升级换代。

公司与常州工学院合作开展的项目是儿童早期教育、智力开发与科技融合的产物。儿童在阅读纸质图书或知识卡片的基础上，通过用自主研发的 APP 扫描纸质图书或知识卡片，手机、平板电脑等移动终端将呈现相关的动画、视频、语音、图片等知识介绍，儿童还可以通过手机、平板电脑等移动终端与知识对象进行互动操作。在增强现实技术应用环境下，提高孩子的注意力、培养自主认知、开发智力。

本项目结合现代人易于接受的互动载体，并切实考虑儿童阅读习惯，使之具有直观性、趣味性、创新性、针对性。项目研发采用的 AR 技术可以不受时间、空间、地理的因素限制，让孩子不受屏幕或设备限制，随心所欲地在 4D 空间学习知识、勾勒创意，炫酷的场景将从根本上激发孩子学习的热情和动力，为探究儿童智力开发提供新技术，科技与教育融合，创新文化消费产品，推动文化产业的发展。

本项目具有四大特色：一是探究式教育理念，从表现形式上吸引小朋友参与到自主学习中，提升对事物的兴趣，从而以互动的方式探查、研究更深层次的内容。二是多媒体呈现方式，融入增强现实技术后，以图片、视频、动画等多种方式表现教学内容，更直观更易懂。三是全新互动体验，增强现实特有的互动体验，让小朋友用眼看、用耳听、动手做、用脑想，真正实现多元化教育。四是亲子互动学习，本项目倡导家长与孩子一起学习，家长适当引导孩子使用手机、平板电脑等进行交互操作学习。

本项目主要包括益智故事绘本开发、增强现实 APP 开发、与益智故事纸质绘本和知识卡片相配套的多媒体素材开发。基于增强现实技术进行影像三维叠加，将纸质故事绘本与动画、视频、语音、图片共存，并提供交互操作，提升幼儿的学习兴趣，主动学习相关知识，促进幼儿的智力开发，实现虚实交融的新型体验，大大促进低幼读物的创新，颠覆传统儿童益智类出版物的呈现方式。

基于儿童教育理论，开发出一套适合儿童阅读的纸质益智故事绘本、各类知识卡片；在此基础上，开发基于增强现实技术的 APP，让儿童通过手机或平板电脑扫描故事绘本和知识卡片，在屏幕上呈现动画、视频、语音、图片等信息，同时儿童可以在虚拟世界与现实世界进行互动，创新传统纸质儿童读物的呈现方式，增强儿童的阅读体验，拓展儿童的知识面，适应新媒体时代儿童的阅读新需求。

攻克技术难关

在图像扫描识别认知技术方面，用户利用手机或平板电脑上预装的 AR 程序软件对益智故事绘本、知识卡片进行三维扫描，并将数据与服务器进行匹配，把图画内容的相关信息通过软件程序处理，读取像素信息转化为纹理数据，核算坐标将纹理贴图与模型匹配，从而把纸质读物变成绘声绘色的 3D 形象，让百科知识融入孩子的生活场景，使其身临其境进入课堂的教学场景，寓教于乐，以游戏式、体验式的互动学习方式让教学充满无限动力。

AR 混合现实影像三维叠加技术方面，对智能设备上的摄像头所拍到的识别图片进行分析比对，将产品的三维模型虚拟相机与设备摄像头相机进行匹配，检测视场方位、角度，产生相关的坐标信息，通过计算跟踪注册在基于标记的视频检测系统中通过匹配事先定义的多种平面模板，将立体感的虚拟形象实时叠加到真实场景之上。

结合项目实际，主要采取以下的研究方法：

第一，调查法。网络调查目前市场上儿童益智类出版物情况，到幼儿园等实地了解当前益智读物使用现状；通过淘宝、天猫、京东等网上超市了解儿童益智类 AR 商品，了解当前 AR 技术应用儿童益智读物的现状。

第二，讨论法。有针对性地召开研讨会议，邀请一些教育专家学者及中小学相关教师参加会议，研讨儿童益智读物相关的知识，商讨解决对策。

第三，行动研究法。通过以上的调查、讨论，收集、整理有关资料，分析目前儿童类益智类出版物，制作相应的三维动态知识库，存储到云计算服务器数据平台，将数据与云计算服务器数据进行匹配，将相应三维动态知识库影像资料内容推送展示给学习者，产生实景与感知的体验效果，运用混合现实影像三维叠加技术，在屏幕上叠加合成出逼真的早教知识演绎。

第四，实证研究法。依据现有的儿童早教理论和实践的需要，提出设计，利用科学仪器和设备，在自然条件下，选择部分儿童有目的、有步骤地测试 APP 软件系统，再根据观察、记录、测定儿童操作反应等现象的变化来分析与修改产品。

走出一条技术路

项目主要技术路线为：空间扫描二维图像—识别二维图像特征点—本地存储图像特征点并上传至云服务器—在云服务器中自动检索与特征点相匹配的 3D 模型—从服务器加载到生成于真实空间—结合模型静态网格渲染器（当图像被染色

后模型呈现被染的颜色）—通过手势控制指挥模型产生一系列动作—360 度观察模型视角的生成—构建一个真实生动的由自己创造的模型。

技术路线分为三个阶段：

第一，前期阶段。美术方面需要制作 AR 程序应用中需要用到的扫描识别绘本、知识卡片，以及显示出的模型和动画。当模型制作好之后，我们需要对照识别图上的模型外形匹配好其所需的 UV ［包裹静态网格渲染器（Static Mesh Renderer）的 UV 贴图］。对图形图像识别、几何体识别、3D 物体识别等目前常用的 AR 开发技术进行技术研发，开发出通过智能设备让纸质读物变成绘声绘色的立体画，还可以用手指触动、拉近画面、与鲜活的卡通形象进行全方位的互动，触发孩子无限灵感。

第二，中期阶段。利用图像处理软件和三维模型渲染软件进行绘图、建模、渲染，开发出一套丰富的模型数据库，通过搭建 Vufori AR 开发环境最终实现将虚拟形象实时叠加到真实场景之上，扫描获取识别图像 N 个顶点的位置，获取一帧图像，把这些参数传给 Shader，经 Shader 处理过后，识别图上的颜色就渲染到模型上了，通过手机、平板电脑等智能设备扫描识别图与服务器数据比对读入相应的描述模块，根据其信息通过 OpenL 视觉库绘制顶点、设置纹理材质，循环检索加载全部模型显示出来，以 4D 立体动画的呈现，给人以强烈的沉浸感，大大提高孩子的学习兴趣，触发孩子无限灵感。

第三，后期阶段。线上在苹果、安卓系统的平台下建立程序专属的软件 APP。线下与幼儿读物出版社进行合作，线上线下结合共同销售，使之成为面向科普产品与服务的交互式增强现实虚拟学习环境关键技术集成与产品化应用示范。

"智造" 出版物

儿童益智类纸质读物研究与开发，幼儿教育的成功与否，直接关系到祖国的未来和希望。多年来，人们对如何开发幼儿读物的认识存在着许多误区，幼儿读物呈现方式单一，忽视了幼儿的识字基础、学习兴趣、情感交流、媒体应用等因素，从而造成儿童读物内容产生偏颇，技术应用匮乏，影响幼儿整体素质的发展。该课题从儿童纸质读物中存在的问题和解决对策进行深入探讨。

基于 AR 技术的儿童益智类学习资源研究与开发，根据心理学家的研究，人类智慧的 3/4 是开发于学前教育的。作为人生中最重要的一段时期，童话故事、玩具、儿歌、游戏等都是伴随孩子们一同成长的最好伙伴。

　　基于 AR 技术的儿童益智类学习资源的最大特色即是趣味性互动性极强。它打破了传统学习图书、卡片乏味单一的瓶颈，在带给儿童欢乐的同时，对培养儿童的动手、动脑能力都有很大的帮助。根据儿童的年龄特点去研究与开发能被他们理解和掌握的，同时又符合儿童学习行为需求的 APP，能使儿童在玩耍的过程中，扩大他们的知识面，开发他们的智力，也实现了寓教于乐。

　　儿童使用测试与产品完善方案，把开发出的产品选择一定数量的儿童进行应用测试，收集产品在使用中的各种数据，如儿童使用兴趣度、知识掌握度、使用便捷度等。

各有所长

　　课题组成员主要是艺术与设计学院、教育与人文学院的骨干老师，具有丰富的幼儿教育经验、儿童读物的创作经验，并且已创作过多部电视剧与动画剧本。

　　课题组成员均主持或参与过多项课题的研究，如"体感交互在展示展览中的应用研究""公民艺术素养提升与苏南现代化建设研究"等，为研究奠定了较好的基础。

　　艺术与设计学院建有虚拟现实实验室，可以为本研究提供实验保障。

　　公司现入驻于常州高新区爱尔威人工智能创新中心，是国内优秀的 VR 内容研发公司，2017 年获得天使轮融资 100 万元。目前公司拥有高级程序开发人员 10 余人。是常州唯一一家荣获"龙城英才计划"的 VR 企业及"领军人才"企业，获得政府资金支持 100 万元，获取常州民营科技企业资质，成功申报专利 17 项，"双软""高企""省双创"正在申报过程中。公司目前和常州多家知名院校，如河海大学（常州校区）、常州工学院、常州信息学院等均有合作。也先后被常州电视台、常州广播、常州日报、晚报和多家媒体报道。

　　课题组抓好研究过程的管理，保证研究的规范化，及时进行小结，记录完备，资料完整。

　　校企合作研究可以充分发挥各自长处，保证做好该项目的研究。

巨大效益　指日可待

该项目成果于 2019 年上线，当时预计销售量 30 万本，年销售额 3000 万元，利润总额 500 万元，缴税总额 100 万元；2020 年，预计销售量 150 万本，年销售额 1.5 亿元，利润总额 2500 万元，缴税总额 500 万元。

虽然经济效益还未实现，但在项目开展过程中已取得了累累硕果，在此期间发表了《增强现实技术对儿童认知的作用研究与实践》《基于增强现实技术的儿童益智类 APP 市场调研》两篇论文；申报了儿童互动阅读系列软件 V1.0 著作权 1 个；完成了 1 本儿童益智类故事绘本，1 套《龙城印象》知识卡片开发与出版。

【高校】常州工学院是一所全日制普通本科院校，坐落于常州。历经 40 年的建设和发展，学校现已成为一所以工科为主，工学、理学、管理学、经济学、文学、教育学、艺术学七大学科门类协调发展，综合性较强的多科性地方高等学校。学校现有辽河路校区、巫山路校区、会馆浜路继续教育学院和长江路科技产业园，总占地面积近 1300 亩；设有 13 个教学单位，54 个本科专业，面向全国 20 多个省（市、自治区）招生，普通全日制在校生近 1.5 万人；现有在职教职工 1139 人，其中专任教师 785 人、具有博士学位教师 253 人、具有高级职称教师 352 人、硕士研究生导师 52 人；拥有江苏省有突出贡献的中青年专家、省"333 工程"培养人选和省高校"青蓝工程"培养对象等 113 人次。

健康中国　良心做药

——常州康普药业有限公司

【公司】常州康普药业有限公司地处常州市武进区前黄镇，主要从事化学原料药、化学药制剂及中成药的研究和产业化。公司占地75亩，拥有研发和生产场地4.2万平方米，生产线11条。目前公司的从业人员为150人，大专以上学历人员42人，具有中高级职称16人。该公司是常州市武进区重点支持成长型企业，江苏省高新技术企业。

一直在努力

目前，公司经营情况良好，拥有片剂、硬胶囊剂、口服液、乳膏剂四个剂型及原料药，现有国家批文的产品有精神病类、消化道类、心血管类、内分泌类四大类别共58种品种规格，注册商标为"双湖"，主要产品有荣获全国首家"百病克星银奖"的复方地芬诺酯片，获得"江苏省高新技术产品"称号的苯溴马隆片，还有获得"常州市名牌产品"荣誉的盐酸氯丙嗪片、盐酸苯海索片等。

该公司拥有一支高素质的新药研发队伍，以一批多年从事药学研究工作的硕士研究生以及本科生为基础，其中拥有原料药合成、制剂、药理、分析等专业的中高级职称技术开发人员16人，并且聘请了中国药科大学、南京大学等多名教授为技术顾问，提供技术支持，以及多名从事医药生产行业的专业生产管理人员和技术工人，从产品的原料到制剂成品都有严格的控制，以确保药品的质量。

同时该公司研发中心具备现代化的检验分析设备，如高效液相分析仪、气相分析仪、紫外分光光度计等。雄厚的技术力量为公司提供了重要的技术保障，在今后的进一步技术开发中起到重要的作用。

为满足企业的可持续发展的需要，公司将逐年加大研发投入，不断为新产品的研发提供必要的资金保障。项目新增经费将通过股东增资、银行贷款、风险投资及投资担保等途径来筹措，因此该公司在项目实施所需资金上有可靠保障。

保证药物质量　提升科技含量

西咪替丁，又名甲氰脒胍，是第一代组胺 H2 受体拮抗剂，最初在 1971 年被合成出来，于 1979 年被美国食品药物监管局（FDA）批准通过，之后由葛兰素史克（GSK）命名为 Tagamet 投入市场，1975 年上市。西咪替丁能明显地抑制食物、组胺、五肽胃泌素、咖啡因与胰岛素等刺激引起的胃酸分泌，对因化学刺激引起的腐蚀性胃炎有预防和保护作用，对应激性胃溃疡和上消化道出血也有明显疗效。用于治疗十二指肠溃疡、胃溃疡、上消化道出血、慢性结肠炎。

近年来，随着药理学研究的不断进展和临床应用的不断增多，研究人员发现西咪替丁在治疗非消化道疾病方面也有良好疗效，在临床上增加许多新用途，包括预防高血压出血并发应激性溃疡、治疗喘憋性肺炎、急性胰腺炎、肺心病心衰、小流行性腮腺炎，治疗疱疹病毒、HIV 病毒等感染性疾病引起的免疫功能下降，并具有抗癌作用。

该公司西咪替丁片被评为"常州市高新技术产品"，为满足企业的可持续发展的需要，公司将逐年加大研发投入，不断为新产品的研发提供必要的资金保障。公司拥有充足现金流来保证该项目研发和产业化。

仿制药质量与疗效一致性评价的要求：利用三年时间完成药学研究、质量标准（国际标准）、杂质研究、溶出行为研究、处方工艺研究、质量对比研究、稳定性考察、生物等效性研究。

公司主要目标为：按照国际原研药的质量标准对西咪替丁原料药进行工艺、杂质谱、晶型、粒径等质量对比研究；按照国际原研药的质量标准对西咪替丁片进行处方、工艺、杂质谱、溶出行为、粒径、溶出度－pH 曲线、稳定性试验等对比研究；按国际标准建立西咪替丁片的质量标准；进行中试、批量工艺验证，药监局进行现场核查；进行生物等效性试验；向国家药品审评中心递交申报资料，通过国家局专家审评。

仿制药一致性评价的路线包括：参比制剂的选择与获得—评价系统—药学研究—生物等效性研究—申报。

按照国家局参比制剂选择原则（征求意见稿），采购美国橙皮书和日本橙皮书中收载的具有参比制剂地位的药品，作为前期对比研究使用。原研参比制剂备案。每个规格至少提供三批参比制剂的考察数据，考察与一致性评价紧密相关的关键质量属性，例如晶型、粒径分布、溶解性、pKa、logP、含量、有关物质、溶出度、溶出曲线等。

对原料药进行质量研究，主要是原料药晶型、粒径、有关物质等是否达到国外药典标准；体外溶出曲线相似性评价；处方工艺优化等。

对处方工艺研究与验证、关键步骤和中间体的控制、原辅料、包装材料相容进行分析，重点针对与参比制剂一致性的质量研究情况、体内评价研究结果的分析，提出对本品种与参比制剂质量和疗效一致性的综合评价结果。

该项目由常州康普药业有限公司提供经费及所必需的物料，江苏省药业研究所负责完成本品的一致性评价工作，江苏省药物研究所在 18 个月内完成全部研究工作，并向该公司提供全部申报资料，研究成果归该公司所有，后序改进成果可双方共有。

在取得的效益方面，实施质量与疗效的一致性评价，提高了西咪替丁片的质量，方便用药者的服用，控制用药者的用药成本，而且避免了环境污染和安全隐患，具有非常明显的社会效益。

西咪替丁片新工艺转化后，预计产品质量将显著提高，有利于西咪替丁片的销售，项目完成后三年内年产 1.5 亿片左右，预计销售额达 1000 万片。

【研发机构】江苏省药物研究所成立于 2006 年 12 月，整体划转南京工业大学，2007 年转制为有限公司，是江苏省首批转制的省属科研机构。江苏省药物研究所是具有独立法人资格的专门从事新药创新与开发研究的专业科研机构、江苏省新药临床前研究基地，研究所学科设置、科研设施齐全。目前研究所共有职工 94 人，目前全所科研人员 73 名，高级职称 9 人，副高职称 16 人；博士 8 人，硕士 25 人。省"333"人才工程 2 名，省六大人才高峰 4 名。江苏省药物研究所共获国家新药证书 172 份，新药成果转化率达 90% 以上。

济世惠民　信待天下

——常州金远药业制造有限公司

【公司】常州金远药业制造有限公司，坐落于江苏省常州市金坛区南环二路168 号，地处长三角经济轴线——沪宁线中端。公司占地 150 亩，建筑面积20000 平方米，在册员工 170 余名。公司目前拥有从事脂质体药物载体的专业技术团队近 30 人，其中博士 3 人、硕士 8 人、其他本科以上专业工程师近 20 人，公司完善的人才培训体系已经打造出了一支国际先进的脂质体研发团队，目前拥有专利技术 11 项，其中发明 4 项、实用新型 7 项。研发中心已成为公司的核心竞争能力，可同时开展"水溶性"和"脂溶性"脂质体的研发和产业化，脂质体工艺、技术处于国内领先地位。

合作有讲究

在市场经济的前提下企业寻找更加适合企业发展的合作方式，以科研机构、高校人才、研究成果输出作为企业发展的原动力。同时也为高校、研究机构提供研究和人才开发的利用资源。

我国产学研合作的模式，既有参考国外成功经验的典型模式，也有独具我国特色的创新模式。该公司目前营运的是"市场引导的短期合作模式"，其中主要包括技术转让、技术开发、技术咨询和技术服务。企业的核心价值观是"创新诚信，创新技术引领市场"。企业技术中心更是以科技进步为标准，鼓励研发人员突破固有思维、大胆创新，营造科技进步大环境。近年来，开展"产学研"工程是企业生存和发展的重要手段。目前，技术中心与中国药科大学、江苏省药物研究所有限公司等高校院所形成了合作伙伴关系，展开"产学研"合作项目。在新产品开发及科研攻关过程中，我们积极与它们沟通，积累了很多技术经验，充实了技术力量。

产学研合作是企业、科研院所和高等学校之间的合作，通常企业为技术需求方，与以科研院所或高等学校为技术供给方之间的合作，其实质是促进技术创新所需各种生产要素的有效组合。高校的人才培养能更加适应社会企业的需求，以高素质的专业人才来完成对行业内的转型需求。同时在人才产出的同时引进社会专业人才，对高校的人才库进行充实。借助社会企业的良好平台及资源，科研机构在技术上开发的同时完成对研究方向的规划，以单纯的技术型研究机构转型成技术与方向性兼顾的研究结构，同时研究成果将推动企业以及行业的整体发展。以专业高素质人才提升旅游行业建设水平，借助高水平的质量完成对社会文化的推动，来提升社会整体的人文素质和道德水平。同时以社会消费者的良好消费价值取向来推动产业链的进一步完善、整体发展。

该公司鉴于中国药科大学在药理、毒理学等领域的卓越成绩和领先地位，于2017年5月与中国药科大学建立了合作关系，委托该高校进行"注射用两性霉素B复合磷脂纳米脂质体有关物质的杂质谱分析"项目的研究工作。

注射用两性霉素B复合磷脂纳米脂质体，包含有磷脂酰胆碱、胆固醇和二硬脂磷脂酰甘油，是双层脂质体的新制剂，内含两性霉素B，具有较高的稳定性，同时能使两性霉素B在水层中保留最大的药量，降低与机体中胆固醇的结合而增强与真菌麦角固醇的结合，从而发挥其最大的杀菌功能。此类药物的毒性较传统两性霉素B降低98.6%。研究显示，该制剂对系统性真菌感染包括曲霉病和隐球菌感染有效，且肾毒性和直接毒性降低。

中国药科大学对本公司生产的两性霉素B与原研产品进行杂质谱分析对比研究，参照CFDA有关物质检查和鉴定研究的要求进行试验工作，并完成试验资料的总结，具体内容有：原研产品和仿制产品、原料药杂质谱LC-MC分析对比（对检测到的大于0.2%的杂质进行基于联用质谱技术的结构分析推测鉴定）；并对推测的杂质与甲方有关物质分析方法相互定位、印证。在降解条件下，对原研产品和仿制产品、原料的主要降解杂质，进行杂质对比分析；并对推测的杂质与甲方有关物质分析方法进行相互定位、印证。对建立的杂质联用分析鉴定色谱方法进行适当的方法学验证（包括专属性、定量限、线性和线性范围、重复性、耐用性等）。技术方法和路线采用HPLC-DAD、HPLC-MS等技术进行，参照CF-DA和CDE技术要求进行。

最终，中国药科大学很好地完成了合同约定的内容，研究开发成果符合 CF-DA 的有关物质分析研究的技术要求，较好地完成了两性霉素 B 杂质谱检查和鉴定比对研究资料，符合 CFDA 的补充研究通知中需要采用联用技术进行研究的相应要求，使我们公司在规定的时间里完成了 CFDA 补充通知中的要求。

大好前途可估量

近年来深部真菌感染的发生率呈上升趋势，而目前常用的抗真菌药大多存在着疗效不甚明显或较大毒副作用的缺点，可供临床选择的用药较少，给治疗工作造成了很大的压力。

两性霉素 B 是一种由结节链霉菌产生的大分子多烯类广谱抗真菌抗生素。对念珠菌、隐球菌、毛霉菌、曲霉菌、青霉菌、组织胞浆菌、副球孢子菌、球孢子菌等大多数深部真菌都有很强的抗真菌作用。与此药的其他制剂相比，其脂质体制剂具有靶向性强、毒副作用低、疗效好的优点。两性霉素 B 是迄今为止作用最强的抗真菌药。该项目产品具有靶向性，能选择性地到达病变组织和细胞，药物疗效得到显著提高，所以公司开发了注射用两性霉素 B 复合磷脂纳米脂质体。

药学研究方面的试验资料表明，本品与 AmBisome 经过全面的质量对比研究表明，产品的质量优于 AmBisome。所以本品的成功开发有望为国内临床系统性真菌感染患者提供一种更加安全有效的制剂。另外，AmBisome 在国外应用了多年，在美国两性霉素 B 脂质体销售中，AmBisome 的销售额约占 40%。但在治疗费用方面 AmBisome 四周用药的费用约为传统两性霉素 B 制剂的 40 倍。两性霉素 B 脂质体制剂虽然保证了原药的抗真菌作用，并显著降低了肾毒性，但价格昂贵，一定程度上影响了患者的使用，因此，我们开发的注射用两性霉素 B 复合磷脂纳米脂质体，由于产品国产化后生产成本，则更易为患者接受，拥有广阔的市场前景。

【高校】中国药科大学坐落于古都南京。这是一所历史悠久、特色鲜明、学风优良、在药学界享有盛誉的教育部直属、国家"211 工程"和国家"双一流"建设高校（一流学科），是我国首批具有博士、硕士学位授予权的高等学校之

</a>

一。学校师资力量雄厚、荟萃众多知名药学专家。在历次教育部学位与研究生教育发展中心组织的全国学科评估中，药学、中药学学科排名始终名列前茅。在第四轮学科评估中，药学学科位列第一档。2017 年，该校药理与毒理学、化学、临床医学三个学科领域的 ESI 排名进入全球前 1%。最新数据显示，该校药理与毒理学学科排名跨入全球前 1‰，标志着其进入国际先进水平行列。

第三篇 高端人才培养

再出奇招　多引奇人

——常州中原物业服务有限公司

【公司】常州中原物业服务有限公司是由香港中原旗下中原（中国）物业顾问有限公司投资成立的全外资子公司。常州中原物业服务有限公司主要为房地产公司提供专业化服务，业务类型涉及房地产市场研究与分析、房地产前期顾问、房地产营销策划、广告设计、项目代理、物业管理、房产中介等，公司业务在常州地区排名居前列。公司合作的品牌客户有：金地集团、万科、保利地产、红星美凯龙、华润置地、中海地产、莱蒙国际、龙湖地产、招商地产、华侨城地产、金科股份等。

找个好朋友

为推动校企一体化办学办企，常州中原物业服务有限公司与常州轻工职业技术学院经贸管理学院开展深度校企合作。经贸管理学院市场营销专业与常州中原的发展吻合度非常高，校企双方做到了"你中有我"、共同孕育合作成果、共同谋求科学发展的一体式校企合作。常州中原物业服务有限公司与学院充分调用各自的环境和资源，使专业教学与企业需求有机结合，既降低了企业成本，同时提升了学生综合职业素质与职业能力。

以互融为导向，实施一体式校企合作。校企双方在设备、资源、人员、技术、实训基地、产教结合、就业等多方面实现了职教资源的优化配置和共享，最大限度地发挥了办学与经营的双效益。

优势互补，校企双方在地域、空间、资源实现优势互补。通过专业教师挂职锻炼、企业员工培训指导，发挥了学院师资培训及科研的优势；企业通过提供真实经营环境及就业岗位，促进学院的专业建设改革，实现师资和专业的优势互补。

共同成立专业教学指导委员会，完成人才培养方案制定。通过校企合作，聘请行业专家、企业精英做兼职教授，与学校教师共同组建"专业教学指导委员会"。常州中原物业服务有限公司提供市场人才需求信息，校企双方根据企业、行业的用工要求制订教学计划、进行课程改革，并协助学校建立校外实习、实训基地。举办校企联谊会及企业精英报告会，邀请有较高知名度或实践经验的行业精英来校为学生做专题报告，让学生尽早了解企业的需求，为就业做好心理和技能准备。

共同构建"校企协同、赛教融合、双线并进"市场营销实践教学体系。常州中原物业服务有限公司与学院通过以职业能力培养为主线、以企业真实职场情境为平台、以学生技能大赛为契机、以营销岗位的职业标准为依据，构建了"职场环境体验＋营销技能训练＋职业素质养成""三位一体"的"校企协同、赛教融合、双线并进"市场营销实践教学体系。通过"递进项目课程教学线"和"企业项目实景任务线"以技能竞赛形式将不同的企业情境贯穿专业实践教学，以比赛驱动学生自主学习专业技能，主动实践，重构学生自信，激发学生的学习热情。企业在参与的过程中，也获得了人才与大量的解决方案，在相互支持与合作中实现共赢。

都来当园丁

为了鼓励、吸引更多人才，公司设立了面向专业的"中原奖学金"。2015年中原物业服务有限公司在学院经管系设立面向市场营销专业的"中原奖学金"，正是该公司秉持的企业利益"来源于社会，服务于社会"经营理念的具体体现，能与这样的企业进行进一步的深度合作，无疑也是对学院以往办学成绩和办学实力的充分信赖和肯定。

为了更好地培养人才，公司与学校联合实行顶岗实习，进行实训基地合作。学校根据教学计划和人才培养方案，每年选派一定数量的指定年级、专业的学生到常州中原物业服务有限公司进行顶岗实习，具体人数根据公司岗位需求、学校学生情况等因素，由校企双方协商决定。常州中原物业服务有限公司指派专门技术人员担任实习指导教师，采用"师徒"模式传授。另外，根据企业业务发展情况，每年定期接受一定的毕业生顶岗实习，对于顶岗期间表现优异的学生，企业优先给予接纳。

有很多学生进入中原公司实习后，得到迅速成长，良好的职业素养和沟通技能也得到公司上下的一致认可，这些充分展示了校企合作在营销专业人才培养过程中所取得的成效。

校企联合开展专业技能大赛，为了更好地贯彻"实践育人、校企合作"的理念，增强学院学生的营销策划实践技能，提高学院学生的综合能力，常州中原物业服务有限公司冠名赞助了"赢在策划　成就未来"——常州中原携手常州轻院"建军杯"营销策划大赛。

常州中原物业服务有限公司为本次大赛拟定了三个专项题目，派出五位总监担任评委，大赛的奖品和奖金也由企业提供，同时还为获得一等奖和二等奖的同学特别提供策划类、营销类的工作岗位，突显了"合作办学、合作育人、合作就业、合作发展"的产学研一体化道路的理念，是产教融合、培养高素质高技能市场营销人才的具体举措之一。

校企共办特色营销精英培训，系里定期邀请来自中原集团的优秀讲师结合自身经验为大家讲解房地产营销技巧。对行业的现状进行分析，详细讲解行业内销售的一些问题，帮助营销专业在校生规划道路、积累经验，不断拓宽和提升自身能力。

2015～2017年，接收常州轻工职业技术学院经贸管理学院市场营销专业学生12名。2018年，接收常州轻工职业技术学院经贸管理学院市场营销专业学生32名。其中，有两名实习生荣获该公司季度销售冠军，成为公司重点培训对象。通过双方深入的产学研合作，推动了市场专业人才培养的发展，提高了市场营销专业人才培养的质量，促进了学生高质量就业。同时，企业获得了稳定的人才供给资源，留住了大批的营销人才。

"零距离"对接产业

对于未来的合作模式进行进一步拓展，在现有合作模式的基础上，与常州中原物业服务有限公司拓展"现代学徒制"人才培养模式的合作，构建"双主体"

育人平台，落实学生和学徒双重身份，形成长效机制。

共同合作开发"房地产市场营销"课程与教材，现代职业教育是产教深度融合的教育，方方面面都要突出行业特点，专业技能课教材更是重点之一。学校市场营销专业计划与常州中原物业服务有限公司合作开发一门"房地产市场营销"课程，课程与教材内容以房地产企业岗位应用为主线，培养学生完成实际工作的能力，从而缩短学校教学过程与企业实践过程的距离，以及学生与企业员工的差距，使学生的能力达到用人单位的要求，实现课程与教材内容与岗位技术"零距离"对接。

【高校】常州轻工职业技术学院经贸管理学院市场营销专业，努力贴近区域经济的发展，适应市场需求，培养具有良好的综合素质、扎实的专业基础知识和实践操作技能，具备现代市场营销理念和创新意识，能掌握营销技能和商务沟通技巧，能够综合运用企业经营管理知识与技能从事市场调查、产品推销、商务谈判、营销策划、客户关系管理等工作，适应各类工商企业管理、营销、服务等一线的具有市场开拓与创业精神的高素质、高技能人才。

党建引领　共建联创

——新龙国际商务区

【公司】新龙国际商务区（新桥镇）位于常州市新北区腹地，现辖7个行政村、5个社区，总人口8.6万人，其中常住人口4.26万人，流动人口4.25万人，是以装备制造、生物制药、电子科技等重点产业为特征的产业集群，是江苏省教育现代化示范乡镇。作为北部新城的核心区域，新龙国际商务区（新桥镇）肩负着高新区行政中心北移和创新创业载体建设双重重任，"十三五"期间着力打造成全市商务商贸副中心、全区创新创业主阵地，形成一个集行政服务、金融贸易、创新创业、商务办公、生态居住等多功能、现代化的政治、经贸、智慧中心。

江苏安厦工程项目管理有限公司成立于1997年，是大型专业化综合性项目管理企业、江苏省首批项目管理试点企业和政府工程代建单位。现有员工260余人，其中教授级高级工程师3人，高级工程师45人，高级经济师3人；有国家注册监理工程师46人，国家注册造价师18人，国家注册咨询师10人，一级建造师12人，省注册监理工程师77人，人防监理工程师35人，有江苏省注册咨询专家6人。公司可承接房屋建筑、市政公用工程、道路桥梁、建筑装潢、给排水、供热、公路、地铁轻轨、风景园林、水利水电等工程监理；工程项目咨询、评估、可行性报告编制；工程投资概算与工程项目决算审查；工程项目招标代理；项目前后期服务、项目代建和项目全程管理业务。安厦党建坚持做好顶层设计，始终坚持企业党组织政治核心和政治引领作用，使党建工作与生产经营同心同向、同频共振，以党建工作"软实力"催生企业发展"硬实力"，为促进企业持续和谐发展提供了组织保障。

常州天山重工机械有限公司成立于2002年12月12日，是中国航空发动机集团成员，拥有大小数控装备200余台，总资产超过10亿元，是国内专业从事高精度重载齿轮配套的高新技术企业。天山重工提供的产品涉及行业有风力发电、轨道交通、矿山机械、冶金、建材、船舶、海洋平台、大型精密机床、航空航天等。

应用人才共培养

常州工学院马克思主义学院认真贯彻校党委的部署要求，根据常州工学院与常州国家高新区战略合作协议、马克思主义学院与新桥镇专项合作协议等精神，发挥自身优势，着力精准对接，探索党建引领、共建联创、服务应用型人才培养，促进校地政产学研合作的新模式，为进一步推动基层党建工作创新、服务高素质应用型人才培养、推进产学研合作引向深入助力出彩。

在常州工学院马克思主义学院的带头组织下，多方合作开展人才培养项目、党建引领、共建联创，注重服务应用型人才培养，更加促进校地产学研合作。

在此次项目开展中，马克思主义学院发挥了积极的作用。一是发挥党建引领作用，通过校、地、企三方基层党组织结对共建联创，推动基层党建创新，提高基层党的建设质量，增强基层党组织的凝聚力、创造力和战斗力，更好地发挥基层党支部的战斗堡垒作用和党员的先锋模范作用。二是坚持党建筑基搭台，构建共赢共享发展的共同体，服务高校应用型人才培养，在基层和企业为大学生提供志愿服务、社会实践、专业实习等场所，为大学生全面发展创造条件。三是坚持党建融合发展，推动高校、地方、企业实现优势互补，促进政产学研合作风生水起、行稳致远，提升高校服务地方能力，推进地方经济社会发展，推进企业转型升级。

2017年7月，马克思主义学院党总支先后与新北区河海街道汇丰社区第三总支等7个基层党组织签署了党建联盟协议，与钟楼区荷花池街道所辖8个社区基层党组织签署了党建联盟协议，开展了校地合作、推进基层党建创新的实践探索。

2018年7月，马克思主义学院党总支与新桥镇党委进行对接，初步形成校、地、企三方基层党组织共建联创的工作思路。9月，双方进一步磋商，本着"共建联创、优势互补、资源共享"的基本原则，明确校、地、企三方结对共建联创的基层党组织，达成了三方基层党组织共建联创的三个组合，即常州工学院马克思主义学院第一教研室教工党支部与新桥镇机关党支部、江湾社区党支部结对共建联创，机械与车辆工程学院第二教工党支部与常州天山重工机械有限公司党委、新桥镇企业服务站党支部结对共建联创，土木建筑工程学院工程管理系党支部与江苏安厦工程项目管理有限公司党支部、新桥镇建设管理服务站党支部结对共建联创。10 月 19 日，在新桥镇政府，举行了党建联席三方结对共建签约仪式，标志着党建引领、共建联创，服务高素质应用型人才培养、促进政产学研合作项目正式启动。

打好根基才能枝繁叶茂

政产学研项目注重基础与合作，一是党建共建联创，夯实基层党建基础。比如，马克思主义学院第一教研室教工党支部有着最新最前沿的党建理论支持，江湾社区党支部正新建党群服务中心，新桥镇机关党支部是党的路线政策方针在基层贯彻落实的核心方阵，结对三方将在基层党员教育、社区党建等方面进行深度合作。又如，充分整合安厦公司党支部党性教育基地、示范性党支部书记工作室的阵地优势，发挥机械与车辆工程学院第二教工党支部市级示范性党支部书记工作室的示范效应，发挥天山重工党委新北区五星级企业党组织的标杆作用，促进高校、地方、企业基层党建质量的整体提升。

二是党建引领融合，促进各方共赢发展。比如，机械与车辆工程学院第二教工党支部有着雄厚的师资力量和市级示范性党支部书记工作室，天山重工党委是新北区五星级企业党组织，企服站党支部发挥中间纽带作用，结对三方将坚持党建引领，促进融合发展，努力在政产学研合作方面取得新进展。又如，土木建筑工程学院工程管理系党支部与江苏安厦工程项目管理有限公司党支部、新桥镇建设管理服务站党支部进行结对共建，三方都是工程建设领域相关党组织，将充分发挥土木建筑工程学院工程管理系党支部的科研优势，充分整合安厦公司党支部党性教育基地、示范性党支部书记工作室的阵地优势，建管站党支部的条线资源优势，努力在专业业务合作上有新的突破、在党组织争先进位上再上台阶。通过结对共建联创，高校将在提升新桥镇基层党建水平、助推产业企业发展等方面加强理论指导、提供人才支撑和技术支持，新桥镇和社区层面将为高校提供志愿服务平台和实践基地。

马克思主义学院党总支与新桥镇党委开展的党建引领、共建联创，夯基垒台、着眼长远，凝聚合力服务高校应用型人才培养，促进校、地、企政产学研合作不断地引向深入，创新政产学研合作协同机制，更好地服务于应用型人才培养，更好服务新桥经济社会发展。虽然这个项目才刚刚起步，但是，这既是常州工学院推进"一院一镇、百团百企"行动、服务地方的具体体现和实践成果，也是校、地、企三方基层党组织深入贯彻党的十九大精神、积极探索提高基层党建工作质量的实际行动和创新实践，还需要在三方党组织共建联创的实践中继续完善、不断深化，出经验、出成果、出标杆，为进一步推动全面从严治党在基层向纵深发展创造和积累新的实践经验。下一步，将通过三方结对共建联创平台，进一步细化党建共建联创实施方案，进一步明确服务应用型人才培养实施方案，进一步完善校、地、企结对三方推进政产学研合作机制，实现各方社会效益与经济效益的"双赢"，实现各方基层党建"软实力"与事业发展"硬实力"的"双提升"，为常州"种好幸福树、建好明星城"添砖加瓦、奋力前行、贡献力量。

【高校】常州工学院马克思主义学院成立于2016年4月，是直属学校党委领导、承担高校思想政治理论课教学和研究以及马克思主义理论学科建设任务的独立二级机构。现有教职工25人，是一支覆盖马克思主义理论、哲学、法学、政治学、历史学等多学科领域，有较强教学能力、科研实力的师资队伍，其中教授2人、副教授12人、博士7人、在读博士生2人，拥有马克思主义中国化研究校级重点建设学科1个，有省委宣传部党的十九大精神全省高校马克思主义学院院长宣讲团成员1人、常州市委督查工作领导小组特聘意识形态督查专员1人、常州市委学习贯彻党的十九大精神宣讲团成员1人、常州市委讲师团专家库成员1人、常州市首批社科领军人才1人、常州市首批公益督导师1人、常州市师德模范1人。

工学交替　能力递进

——汉得利电子股份有限公司

【公司】汉得利（常州）电子股份有限公司是一家研发、生产、销售电声产品的合资企业，是江苏省高新技术企业。企业拥有雄厚的技术实力和完善的检测手段，具有较强的新产品设计开发能力，其中科技人员占员工的32%以上。拥有发明专利授权5件，实用新型授权26件，外观设计1件，其中两项填补国内空白，处于国际领先水平。

学徒制度现代化

企业每年投入大量资金进行技术改进，采用计算机设计、制造和管理，探索出一条产学研相结合的发展道路。近几年引入全世界最先进的 B&K 测试系统，并装载到公司的消声实验室，引入扬声器声频分析系统、美国 Soundcheck 测试系统，数据分析准确，精确度高；引进 Finecone、Finemotor 等计算机设计软件，极大地提高了设计效率和团队水平。企业研发中心以 TS16949 体系为指导，严格按照 TS16949 体系要求的过程进行产品开发，产品在汽车上的稳定性方面得到了国际知名汽车商的认可。

坚持以就业为导向，大力推进工学结合，是我国职业教育改革与发展的关键问题，是新形势下职业教育改革的重要方向，是加快职业教育发展的根本出路。开展"工学交替"的现代学徒制实践活动，是教学计划安排的重要实践环节，是实施高职学校教学质量与教学改革工程的重要内容之一，是不断探索高职人才培养的模式。把工学结合作为职业教育人才培养模式改革的重要切入点，带动专业调整与建设，是引导课程设置、教学内容和教学方法改革的重大举措。开展"工学交替"的现代学徒制实践活动的目的，是利用学校和企业两种不同的教育环境和教育资源，采取课堂教学与学生参加实际工作相结合，培养学生的职业能力、综合素质、创新能力和就业竞争力。

架起人才绿色通道

从 2017 年起，以电子信息工程技术专业作为现代学徒制试点专业，以"工学交替"形式为主要内容，经过两年实践，探索建立校企联合培养、一体化育人的长效机制，完善学徒培养的教学文件、管理制度和相关标准，推进专兼结合、校企互聘共用的师资队伍建设，建立学校、企业、行业和社会中介机构参与的评价机制，切实提高学生的岗位技能，提高学生就业的专业对口率，健全现代学徒制的支持政策，保障学生的全法权益和合理报酬，逐步建立政府引导、行业参与、社会支持，企业和职业院校双主体育人的现代学徒制长效机制。在电子信息工程专业与电子企业间架起人才输出绿色通道。

双方在项目中的合作范围是选择行业龙头企业，成立校企合作领导小组。明确职责，签署校企合作协议，制定工学交替管理制度，包括学生管理制度、师傅管理制度、指导教师管理制度，实行专人负责，实现全过程管理。工学安排是在学生大二上学期，共六周时间。在技能提升方面，根据电子专业人才培养方案及专业核心能力，校企双方针对不同企业的岗位工作要求，依据专业课程学习的需要，安排学生到不同类型的岗位进行工学交替。通过由认知到熟练、由单一业务到复杂综合业务的学习和实践，让学生逐步掌握不同企业岗位工作要求，实现职业能力的"递进"。按照"学徒工—技术工人—技术员"的"工厂式"的职业成长过程，构建"校内课堂＋智能化工厂＋生产一线"的教学环境，企业与学校两个主体深度合作，实现学生基础技能及岗位核心技能的系统培育。校企共同制定了"课岗一体、工学交替"的实践课程，开发岗位项目任务，规定每天安排 2 学时对接岗位实践的集中学习。

双方需签署合作协议，学生在工学交替实践期间具有学生和企业员工双重身份，因此学生必须严格遵守学院相关管理规定和所在企业的管理制度，校方需指派指定老师在公司协助管理；学校若组织学生集体活动、考试等，需提前与公司协商，方便公司业务调整。

学校方面一直在大力加强教学改革，不断丰富、完善"校企合作、工学交替、能力递进"现代学徒制模式。

探索了校企共同育人的机制，组建了由政府、协会等行业、企业、学校参与的校企合作理事会，整合资源，为现代学徒制试点搭建平台。充分利用常州高等职业教育园区推行综合改革的资源，利用常州市政府给予的税收优惠、经费补助等政策，全面建成政府主导、行业指导、企业参与的办学体制与育人机制，吸引行业、企业参与职业教育，推动教育体制改革。依托常州市改革试验区的政策优势，校企合作理事会和专业建设合作委员会统筹各方资源，开展现代学徒制专题研讨会和专家指导委员会，保障校企合作的正常开展。

校企合作优化了"以职业能力为主线"模块化课程体系，将"现代学徒制"人才培养方案在专家指导委员会上进行了讨论，结合合作公司的实际情况，按照"学徒工—技术工人—技术员"的"工厂式"的职业成长过程，对课程体系进行系统化设计，构建"以职业能力为主线"校企并行的模块化课程体系。

校企合作实施"双主体、双导师"教学组织，为了发挥企业和学校各自的人才培养优势，企业与学校合作开展招生招工一体化的方式，确定"学生＋学徒"双身份。实施"双主体、双导师"的教学组织，实现"学徒工—技术工人—技术员"人才培养进阶过程。

人才培养有诀窍

"校企合作、工学交替、能力递进"的现代学徒制模式的实施，大大提高了人才培养的针对性、实用性和适应性，学生素质明显提升，就业率和就业质量显著提高，学校的声誉也逐步扩大。

充分调动学生学习的主动性，这种人才培养模式给学生注入强大的学习动力，充分调动学生的主观能动性和自觉性。同时，学生在"双主体、双导师"的指导下，自己独立完成工作任务后就会有一种强烈的成就感，这种成就感又会大大激发学生学习兴趣，增加学习的动力。

全方位提高学生的专业技能，有利于发挥企业在职业教育方面的优势，实行工学交替，能发挥企业的设备、实践、实习场地及技能人才优势，可以进一步增加实践动手机会，强化技能的培养。帮助学生在毕业前，提前与社会接轨。

全面提高学生的职业素质，由企业分配具体岗位，在生产中提高技能。校企"零距离"对接，全面提升了学生的职业素质，提高了毕业生岗位适应能力。

【高校】常州轻工职业技术学院一直秉承"植根轻工，坚守轻工，服务轻工，发展轻工"的办学宗旨，也是江苏省唯一以"轻工"命名的高职院校。学院围绕智能轻工打造三大专业集群，立足"大国工匠"邓建军校园文化为底蕴，智能轻工制造专业集群以江苏省品牌专业机电一体化专业为核心，工业机器人技术、智能控制技术、电气自动化技术、物联网技术、机械制造及自动化等专业为特色，并建有人机智能协作应用技术研发团队（江苏省"青蓝工程"优秀教学团队），7个国家级、省级实训基地（实验中心）和教育部人才培养中心。

力量之源　正在于人

——江苏中兴西田数控科技有限公司

【公司】江苏中兴西田数控科技有限公司是国家高新技术企业、江苏省民营科技企业，伺服压力机国家行业标准制定单位；建有江苏省企业研究生工作站、江苏省智能伺服锻压装备及工艺工程技术研究中心、江苏省智能锻压系统工程中心、江苏省博士站，为江苏省科技成果转化项目承担单位、中国锻压协会副理事长单位、江苏省创新创业促进会双创人才分会副会长单位；拥有发明专利9项、实用新型专利13项、软件著作权4项。已通过了ISO 9001质量管理体系、ISO 14001环境管理体系、OHSAS 18001职业健康安全管理体系认证。

独具特色

通过对现代国际工业装备，特别是欧美冲床的造型发展趋势的分析，研究了公司产品发展情况和所在集团公司产品情况，形成自己产品家族风格；研究伺服闭式/开式精密冲床、冷温精锻压力机的工作原理、作业过程和用户使用习惯，完成符合企业发展特色和产品特点的伺服闭式/开式精密冲床的整体造型设计。目前已完成单点、双点伺服闭式/开式精密冲床、冷温精锻压力机的造型设计和风格研究。

将基于用户体验的设计理念与方法扩展到工业数控压力机的触摸式交互界面领域，从用户体验要素出发，对数控压力机的不同类型的用户进行研究，重新构建了数控压力机触摸式交互界面，为同类工业控制界面的设计提供了指引。

共建研究站

引进江苏大学研究生导师及其研究生团队进站工作，帮助公司加强技术研发能力和培养高层次科技人才，充实公司科研力量；开展前沿性、创新性、理论性等相关科研课题研究：与江苏大学围绕自动化冲压生产线、机床（冷温锻、冲床）造型设计与风格研究、压力机六杆传动机构研究及优化、冷温锻压力机机身力学分析与模态分析及优化设计、零部件有限元分析及优化设计，进行联合技术研发。与江苏大学共建的江苏省企业研究生工作站，三年来运行较好，成果丰硕，获批为2018年江苏省优秀企业研究生工作站。

颜值忠于实力

长期以来企业产品外观不统一，控制系统人机界面操作不方便，影响了公司形象，为此委托江苏大学就色彩、外观造型方面进行工业设计，设计符合操作习惯的人机交互界面。主要内容是冲压机床造型设计和基于用户体验的触摸式交互界面设计研究。

首先开展了用户研究，根据对用户的观察和访谈，结合录像和问卷，梳理总结了当前压力机操作中，不同类型用户的用户目标、用户需求和相关问题点以及用户的需求转化点（见表1）。

表1　用户反馈总结

人员类别	用户目标	需求点	问题点	转化点
模具工	上模具、卸模具 调整设备高度	高效换模 模具行程参数明确	操作界面太高 行程参数设置不明显	调整模具高度 增加行程参数显示
冲压工	完成冲压操作	高效冲压 工件计件准确 设备故障报错少	计数器不匹配 SPM调整太麻烦 按压不灵敏，误操作	优化SPM调整 分析计数器误操作原因 分析硬件和按钮大小关系

续表

人员类别	用户目标	需求点	问题点	转化点
设备管理科	找出故障原因排除故障	准确地找出故障知道故障排除方法	故障原因难确定（硬件、控制难以确定）报警条目不够明确出厂设置按 5 次进入太麻烦	优化故障原因显示增加故障排除提示出厂设置单独页面进入

然后，进行了原有系统问题分析，考虑到用户原有操作习惯，需要分析原有系统的框架和逻辑，并结合实际的现场调研结果对本次数控压力机的触摸式交互界面的优化进行更明确的设计定位。本次研究在原有系统的基础上，同时参考了该公司上位计算机上的另外两套系统以及在 2017 年中国国际工业博览会上展出的国内外主流压力机的触摸式交互界面，包括瑞士的 BRUDERER、日本的小松、江苏金沃和扬力等公司的界面。Jesse James Garrett 将设计用户体验的工作分解成五个组成层次：战略层、范围层、结构层、框架层和表现层，这五个层次应用于产品的整个开发流程，以保证产品在使用时，用户体验均发生"明确有意识的意图"，该模型被广泛认可并用于指导交互设计领域。运用用户体验的五个组成层次对以上的系统进行分析，原有系统问题的具体层级和具体表现如表 2 所示。

表 2　原有系统问题的具体层级和具体表现

问题层级	问题描述	具体表现
战略层	用户类型和目标不明确	没有区分实际操作的不同用户没有厘清用户目标与需求
范围层	部分功能待完善	换模缺少模高示意功能首页面计数器没有重置功能缺少电机电流和电机功耗显示
结构层	功能归类逻辑性欠佳，未考虑不同用户功能少层级多	计数器和换模具都在预设置层级下整体系统功能不多，没必要将功能归类不同用户使用不同功能，不应归于一类
框架层	部分控件排布误操作多缺少导航提示信息显示没有层级	凸轮和模具保护按钮过于密集操作时不知道当前在哪个层级所有的信息字体都基本一样，缺主次
表现层	图标传达含义不明确图标风格迥异混杂色彩没有规范	各个控件色彩配置比较乱图标多样，线性图标和面性图标混杂色彩纯度较高色相比较乱

最重要的是数控压力机触摸式交互界面设计，在用户研究和原有系统及竞品系统分析的基础上，对原有系统问题集中的层级分别进行优化再设计。

战略层——明确用户目标和需求。战略层对于用户的分类以及用户的目标需求相对不明确，对于很多用户的需求也没有进行系统的调研，之前在用户研究阶段已经对这个部分进行了反馈总结，分析了冲压工、模具操作工和设备科的不同人员的需求和目标。

范围层——完善部分功能。范围层的主要问题表现在换模缺少模高示意功能，首页面计数器没有重置功能，缺少电机电流和电机功耗显示，因此需要进行功能完善。

结构层——重新定义系统框架。结构层主要包括交互设计和信息构架，基于对用户工作方式和思考路径的理解，主要进行两项优化，以满足用户的动态需求，使信息更易被获取和使用。第一，根据用户需求，对功能归类、层级结构进行优化。第二，优化层级命名逻辑，去掉了预设值、出厂设置以及模具库中配方设置等命名不太好理解的词语，从用户目标出发，设置更容易理解的词汇，使之更符合操作逻辑，增强系统的可记忆性和可理解性。

框架层——优化布局信息设计。交互设计中的框架层主要包含确定详细的界面外观、导航、控件布局和信息设计，在本课题中框架层主要对三个方面进行优化。首先是整体布局的变动，结构层的扁平化使原有的右侧 tab 栏无法排布这么多的内容，因此整体布局采用了底部导航和标签式菜单的形式，建立了灰色文本框只显示内容、白色文本框可输入更改的操作逻辑。其次是信息层级设计，基于前期的用户行为流的研究，分析得到用户的信息需求，对界面进行了信息层级的设计。在保留原有用户习惯的基础上，将冲压工最常关注的信息点进行强化设计，例如角度、压力机的运动模式、计数器等。最后是控件排布设计，对于原有系统中控件的排布容易发生误操作的，进行间距的调整，例如凸轮和模具保护这个排布密集的区域，通过减少排布数量设置翻页按钮，通过原型测试实际按钮大小和指尖面积的操作，来确定合适的按钮大小排布。

表现层——规范化可视化。表现层主要是视觉呈现的问题，从色彩配置、用户界面、UI 图标、字体选择等方面，都能影响界面给用户的直观感受，好的视觉呈现能给用户正确的引导、传达正确的信息。鉴于系统整体的风格比较冷静、理性、严谨，提取了企业形象中的标志色——蓝色，作为系统的主题颜色。整体风格采用了扁平化的风格，用少量投影和渐变表现层级，选取了更易识别、更严谨的无衬线粗字体。

合作尝甜头

公司通过产学研合作及共建工作站方式，截至 2018 年 8 月，已开发出四轴上下料机器人，完成了开式单点精密冲床（ZXSK1－2000）和闭式双点精密冲床（ZSXM2－1600）、冷温精锻压力机（ZXSKL－8000、ZXSKL－100）产品设计及产品家族式风格研究等，已合作发表核心期刊论文 6 篇，联合申报专利 5 项，联合培养研究生 12 名。

与江苏大学共建的江苏省企业研究生工作站，对本单位发展的作用和意义主要体现在：提升本单位产品外观，形成家族化特征，提升了企业形象；为企业培养了一批技术过硬、视野开阔的创新技术人才。在合作过程中，企业技术人员和学校成员密切协作，企业人员发挥实践经验丰富、动手能力强的优点，学校成员则发挥基础理论扎实、洞察力强、解决问题能力强等优势，实现了优势互补，相互学习促进，使公司技术人员很快了解了行业前沿技术、开阔了视野、掌握了新技术和一套技术研发的方法，技术能力和研发能力快速提高；成果转化能力提高，为企业创造了良好的经济效益和社会效益。通过传动机构研究及优化，冷温锻压力机机身力学分析与模态分析及优化设计、零部件有限元分析及优化设计，形成了独特的技术实力，尤其是伺服机、冷温精锻压力机系列产品在国内处于领先水平。其中冷温锻及伺服机已成为公司战略产品，截至 2018 年 5 月，已初步形成年产 30 台套智能多工位伺服压力机 & 冷温锻生产线的生产能力，实现销售3000 余万元，利税达 800 万元。产品已在国内处于行业领先地位，并出口到泰国、韩国等国家，实现了替代进口，打破了国外垄断，大大提升了我国伺服压力机的技术水平和国际地位。

【高校】江苏大学是一所重点综合性大学，是江苏省人民政府和农业农村部共建高校、首批江苏省高水平大学建设高校、全国本科教学工作水平优秀高校、首批全国 50 所毕业生就业典型经验高校、全国创新创业典型经验高校和首批全国来华留学生质量认证高校。工程学、材料科学、临床医学、化学和农业科学 5个学科进入 ESI 排名全球前 1%，ESI 综合排名列全国第 52 位。拥有 2 个国家重点学科，1 个国家重点（培育）学科，6 个江苏高校优势学科，7 个江苏省"十三五"一级重点学科，2 个江苏省"十三五"一级重点（培育）学科。拥有 14 个一级学科博士点，44 个一级学科硕士点，12 个硕士专业学位类别，26 个工程硕士授权领域。设有 13 个博士后科研流动站。

现代学徒　分段递进

——常州智海文化传媒有限公司

【公司】常州智海文化传媒有限公司（以下简称智海公司）是长三角最早且技术实力领先的影视动画制作公司，主要以制作海外传统加工片为主，同时也参与过一些国内自制片的前期、中期工作，包括造型设计、台本设计、原动画制作等。智海公司与近年来积极从事原创动画开发制作及相关著作权、版权运营管理，服务外包（动画代工），影视、广告及影视动画专业人才培训等业务。成立10余年来一直致力于高端动画制作研发，参与制作优质动画作品近百部，并立志成长为中国乃至世界范围内优质动漫品牌的代表企业。

有求就有应

常州信息职业技术学院（以下简称学院）具有专业的人才培养模式，通过十余年的发展，人才培养模式能够始终与行业需求对接，注重人才培养的实际需求。每年都会到行业中的重点企业以及相关院校相关专业进行调研，每年的人才培养方案制定均会结合行业最新的发展态势以及用人需求进行合理有效的完善调整，学生的就业效果良好，企业的认可度高。

学院实施专业的教学，专业核心课程的设置通过专业发展及行业更新的关键因素，更为合理，与企业设计过程相切合。前期核心课程包括动画造型设计、动画运动规律、动画场景设计等，中期核心课程包括动画分镜头制作、动画创意设计、FLASH动画设计，后期核心课程包括动画后期制作、动画综合设计等。其中部分课程已建成为院级精品网络共享课程，部分课程正在建设中。相关课程教学资源充足，专业核心课程均有相关的教学资源包，不断更新完善，课程配套教材逐步建设完善，如 FLASH 动画制作课程所编著的动画实训教材《FLASH 动画综合实训》已建成为国家级"十二五"规划教材、江苏省重点建设教材。

学院在师资队伍建设方面，目前专业教师队伍结构合理，共 6 人，其中 5 人本专业全部为动画专业毕业，且均有企业从业或一线实践经验，并且部分教师能够承担企业实际项目，引入课程教学环节。职称合理，学历结构合理，且有 1 人继续深造，为在读博士。每年均有教师参加专业教学师资培训，6 人全为"双师型"教师，1 人为"金讲台"教师。

学院一直注重校企合作，从专业 2004 年发展初期，就很注重与动漫企业的合作，上海、常州、苏州、南京等长三角地区的部分动漫重点优秀企业均已签署校企合作协议，并且均按照合作计划进行人才培养、实训建设、教学资源开发等方面的具体实施。如与常州罗孚漫道有限公司、智海公司、常州秀策坊文化传播有限公司、常州龙灵动漫有限公司、上海炫坤动画邮箱公司、上海九州幻想动漫科技有限公司、苏州智杰动画有限公司等进行了人才的订单式培养、专业实习、学生就业、人才培养方案制定、教学资源共建等多方面的合作，并且效果良好。

学院学生具有良好的专业成绩，学生就业情况良好，每一届都会有优秀的专业人才涌现，专业注重人才的个性化培养，鼓励学生参与国家、省市级专业竞赛项目，取得了很多成绩，如中国原创动漫大赛优秀动画片大奖、全国高等职业院校技能大赛一等奖、江苏省技能大赛一等奖，并且每年专业毕业设计均获省级优秀毕业设计团队以及优秀毕业设计单项奖。学生在校期间同时参与实际的动漫设计制作项目，如常州电视台《生活 369》栏目包装、江苏省公益广告宣传项目、常州市廉政纪念馆动画项目、常州市法制宣传动漫项目等多项商业项目。

与时俱进

在传统原动画期间参与创作及制作了国内《哪吒》《宝莲灯》《西游记》《小兵张嘎》等系列片和动画长片以及法国的《海洋探索》《老鼠一家亲》《动物也疯狂》《太空牛仔》《虚幻勇士》，加拿大的《三只小猪》、*Felix Cat*，德国的《探险者》，美国的《小魔女》等近三十几个系列片集。其上海总公司上海飞侗动漫有限公司分别在上海、苏州、常州、成都设立分公司，并在法国昂西设有业务部。

一直与海外动画公司合作，参与了多部加拿大、新加坡、法国共同投资的系列片，如 *Being Ian*、*Gizmo*、*Kid & Kat*、*Water Wally*、*Toto Trouble*、*Packages From Planet – X* 等系列片，其中不乏像 *Being Ian*、*Kid & Kat*、*Rick & Morty*、*Pipi Pupu Rosemary* 连续数月在北美和欧洲动画系列片收视率排名第一的佳作。公司还参与了 *Eleonore's Secret*、*My Little Pony* 动画电影长片制作，并得到客户的高度评价。

近年来随着国内动漫行业的悄然崛起以及资金对动漫行业的巨大投入，公司也积极参与了多部制作精良、收视率颇高的动画系列片的设计与制作，如《兽王争锋》《鹿精灵》《小鹿杏仁儿》等。

人才是最大保障

学院动漫制作技术专业自 2013 年就与苏州智杰影业有限公司在教学、订单培养、学生专业实习等方面展开了深入的合作，自 2013 年，已经为苏州智杰影业有限公司以及其子公司智海公司输送了 40 余名优秀毕业生，企业反馈情况较好。部分毕业生已成为制作组长；动漫制作专业的课程设置及针对的行业属性与苏州智杰影业有限公司需求相符，企业对于本专业的人才接收满意度很高，由此为现代学徒制的合作奠定了良好的基础。

本专业部分教师自 2014 年起至该企业进行专业实践，并参与多项实际企业项目，双方人员互通良好。2014 年校企（子公司：常州智海文化）双方共同签署了校企合作协议，并细化了订单培养的计划及双方人员互派方案。

2015 年，动漫制作技术专业与苏州智杰影业有限公司签署深度校企合作协议，其中涉及人才培养方案的共同制定、部分专业核心课程的企业化实施、行业沙龙组建、人才储备计划方案的出台等深度融合工作。

2016 年 12 月，学院与苏州智杰影业有限公司、智海公司经过论证及多次细致的协商，共同签署了《常州信息职业技术学院、苏州智杰影业有限公司、常州智海文化传媒有限公司现代学徒制联合人才培养协议》，双方就现代学徒制各项工作进行了协议商讨，并结合双方多年人才培养上的经验，共同拟定《动漫制作技术专业"现代学徒制"实施细则》。

从 2017 级开始进行现代学徒制招生，目前"智海班"有 31 人，所有教学模块、教学内容以及实施过程均有"智海导师"参与，企业师傅同时以项目为主导，带领徒弟进行相关实践。同年，学校成功申报为国家级现代学徒制人才培养试点单位。

循序渐进

双方制定基于工作过程的"分段递进式"现代学徒制人才培养模式，充分发挥上海飞侗动漫有限公司、常州智海文化传媒有限公司、常州信息职业技术学院的多方辐射作用。一是实施"1＋N＋0.5"分段交替育人、多方参与评价的双主体育人机制；二是学校与企业共同设计人才培养方案，确定相应的教学内容，改革教学质量评价标准和学生考核办法，将学生工作业绩和师傅评价纳入学生学业评价标准；三是坚持共性和个性兼顾，要在坚持共性的职业标准得到全面落实的同时，兼顾企业特色的特殊要求和学生的个性发展需求；四是确定校企双方人才培养成本分段核算、分段实施的分担机制；五是探索人才培养方案的阶段调整机制，充分考虑学员转岗和未来发展的需要。

课程与课程体系、学徒制网络教学平台（云平台）开发：按照"企业用人需求与岗位资格标准"，由行业专家、企业与学校、教师与师傅共同开发基于工作岗位的课程，形成以动漫制作技术产业典型工作过程"公共课程＋核心课程＋实训项目"为主要特征的专业课程体系（网络云平台同时开发）。其中，公共课程主要由学校的教学团队完成，核心课程是根据企业需求适当增减，由校企双方教学团队共同完成，实训项目是完全按照企业需求，在课程专家、企业技术骨干和学校专业教师的共同努力下开发的适合企业的项目课程，由企业技师和专业教师共同承担，专业实训环节则完全由企业技师负责。

校企共建教学团队：组建校企共用教学团队，同时由校企双方的具体负责人牵头成立现代学徒制导师工作室，遴选校企双方优秀的团队加入工作室，执行"双导师"制度。一是明确"双导师"职责和待遇，学制内的教学任务由企业导师和学校导师共同实施。学校导师负责基础理论知识和基本技能培养，企业导师主要负责企业文化和岗位技能培养；二是建立企业导师和学校导师相互交流，横向联合技术研发专业建设的激励制度；三是建立现代学徒制教学顾问团队，团队成员由企业项目主管、导演、学院名师组成；四是按年度申报企业导师的工薪待遇和课时待遇，得到一定的财政支持。

走出死胡同

在工作开展过程中，不可避免会遇到很多问题，比如合作企业的积极性不高。学院的学制是三年，学生在校时间是两年半。学生在校期间，各专业合作的企业参与指导不多（有企业兼课教师，但授课项目很少有企业实践项目），学生去企业实习之后还是从头开始学习，学生的技术掌握情况与企业需求差距大，并不能为企业创造效益；从实际中看，学生成长较慢。学生无法在短期内为合作企业创造效益，因此在未毕业之前都作为实习期。在实习期间，企业只发放一定的实习补贴，由于数目较少，学生很难安心实习。有些学生看到有些待遇高点就忍不住跳槽，频繁跳槽的结果就是什么也没学到，实习时间却白白浪费了；校企合作趋于形式、质量低。行业内对职业教育地位认识不足、不科学，重文凭轻技能的现象依旧存在，技术技能人才没有得到应有的地位和尊重。学生在校学习期间，企业参与较少，忽视了企业在人才培养中的主体地位。

针对以上问题，学校和企业制定了解决的方案，双方应该结合岗位职业需求制定人才培养方案、实施人才培养计划。双方共享实训场地、培训设备、接受"双师"培训、接受学校和企业的双重考核。我们结合艺术学院专业特性，与常州智海动画公司开展具有专业特性的学徒制校企合作项目，一是可以缩短企业人才培养的时间，二是提高毕业生的质量，三是大大提升专业就业，促进校企合作项目的良性发展。具体做法是：

第一，基础学习和技能训练并举。充分发挥学校教师基础及理论知识强、企业技师技术能力强的特点，学校教师主要承担基础、理论知识教授，智海动画企业师傅主要承担操作技能教授，发挥学校和企业的双重优势。企业的处理问题技术娴熟，技术与时俱进，让学生学习的动漫制作技能都是最新的。学校注重理论知识的积累，从原理上说明动漫制作的步骤、处理方式。企业的人员通过"师傅带徒弟"的方式掌握了动漫制作流程的方法，但是不一定清楚为什么要这样做，学校的教学恰好在这一方面是强项，弥补了基础及理论这方面的缺陷。两者的结合使学生两项能力都得到提升，将来遇到新问题，可以凭借自己的理论和技能积累找到处理的方法。2017级动漫专业在制定人才培养方案过程中就与合作企业共同商讨，基础、理论、实践的教学方式已确定"分轨精准"实施方式。

第二，校企共培和工学交替。现代学徒制人才培养模式，企业更早介入人才培养过程，学生在校学习期间，智海公司定期到校参与教学过程；同时，安排学生定期到企业见习锻炼。将目前校企合作中常见的学校教育与企业实习两个独立的环节首次进行结合，有效缩短学生的培养时间，提高学生实践能力，缩短校企岗位衔接的时间。学生和学徒阶段交替进行。根据学生和智海公司双向选择，挑选了 2014 级 9 个学生、2015 级 7 个学生进行学徒制培养模式的探索。等同于一门选修课，课时学完经过考核可以获得相应学分，每周安排一天课时作为企业培养时间，形式为"企业到校教授一天"或"学生到企业学习一天"的模式。经过考核，学生要求掌握好智海公司及学校双方共同制订的教学目标，掌握基本的动漫制作全流程技能。考核成绩必须由学校和企业共同认定，由学校教师考核校内表现，企业技师考核企业表现，根据考核表各项指标和权重得到学生的成绩。

人才初长成

"现代学徒制"试点项目开展以来，效果较好，2014 级、2015 级学生参与制作的系列动画《兽王争锋》已在中央电视台少儿频道播出，所参与制作的《炫影突击》《小鹿》等中法合作项目效果反映良好，创造了较好的社会效益。

双方独具特色的合作模式改善了传统校企合作忽冷忽热的局面。合作之初，明确了企业的主导性，给予企业更多的权利，提高了企业参与的主动性。企业先挑选学生，然后根据"现代学徒制"培养计划进行培训。由于企业认为利用了学校的师资和场地来培养企业的人才，因此积极性和参与度都更高，提供的技术支持和企业方面的场地支持也更多。

校企产学研高效深化相融。由于企业进行学徒制合作是为其本身培养人才，相当于量身定制，培养后基本可以直接上岗，大大节约了在企业培养的时间。因此企业不仅是停留在校企合作的表层，提供一些技术资料让学校教学，而是真正参与到了整个教学的过程，且尽可能地把教学场地放在了真实的工作环境中，使校企合作真正落到实处。

企业获益、就业数量和层次明显提高。与智海公司合作开展具有专业特性的"现代学徒制"人才培养的项目，学生能够更快地掌握相应技能，学校能够培养更多能适应社会、企业需要的学生，企业能够降低人才培养成本，创造更大效益。由于学徒制培养采取定向培养方式，不存在多招再优胜劣汰的问题，确保学生毕业即就业。学生对企业认同感更高，服务意识更强。目前，2014 级、2015级学生参与制作的动画片《兽王争锋》已经在中央电视台少儿频道播出。

提升区域专业人才标准质量。专业的校企"分段递进式"的现代学徒制人才培养模式得到优化。专业将更紧密地结合区域产业结构和行业企业发展对技能型人才的需求，建立和完善人才培养模式。人才培养质量明显增强。给区域的校企产学研合作带来一定的标杆效应。

【高校】常州信息职业技术学院是江苏省首家信息职业技术学院，隶属于江苏省经济和信息化委员会。学院具有 50 余年的办学历史，艺术设计学院动漫制作技术专业成立于 2004 年，专业发展至今，已经从人才培养、教学实施、科研等几个方面累计了很多经验，并取得了一定的成绩，为开展校企共建以现代学徒制培养为主的特色模式打下了一定的基础。

人才装配　事业壮阔

——谢亿民工程科技有限公司

【公司】谢亿民工程科技有限公司由澳大利亚工程院院士谢亿民领衔创立，他是"渐进结构优化法"创始人，现任澳大利亚皇家墨尔本理工大学杰出教授、创新结构与材料研究中心主任。谢亿民工程科技有限公司主要从事工程结构设计与咨询、结构优化设计软件开发与应用、新型材料与建筑技术开发，并已将工程结构设计与咨询业务成功拓展到建筑、桥梁、汽车、医疗器械、工程机械、新能源设施（如风电塔架）等领域，为客户提供新颖、高效且经济合理的工程结构设计与实施方案。公司总部在常州，在上海、南京都设有分公司。

人才是力量

大力发展装配式建筑，是落实中央城市工作会议精神的战略举措及推进建筑业转型发展的重要方式。自2016年《国务院办公厅关于大力发展装配式建筑的指导意见》文件颁布以来，装配式建筑在国家政策层面得到了大力推广。2017年，为进一步完善和落实装配式建筑的各项体系和保障机制，国家与各行业主管部门相继发布了《国务院办公厅关于促进建筑业持续健康发展的意见》《"三五"装配式建筑行动方案》等文件，从规划、标准体系、技术体系、设计能力到产业配套、产业队伍等方面予以进一步的强调，确保装配式建筑更有序、健康发展。建筑产业现代化技术人才数量短缺、质量不高，这是建筑业目前面临的一大难题。其中对装配式建筑发展相适应的技术和管理进一步优化，需要一支拥有行业管理、企业领军人物、专业技术人员、经营管理人员和产业工人等各项专业人才的队伍。

亿造装配式建筑学院分两阶段建设：第一阶段主要是推进装配式建筑研发、学历教育和非学历教育版块，是以住房城乡建设部科技发展促进中心指导的"装配式技术人员培训项目"为主要依托，为全国装配式施工、BIM 技术、被动房、绿色建筑等建设人才培养服务，同时开展技术认证、对外交流、师资培养等合作事项，推动建筑产业现代化。第二阶段是亿造装配式建筑学院成立后，以江苏省财政拨款 350 万元，谢亿民工程科技有限公司与另一公司投资的 150 万元为资金支持，双方共同成立建筑工业化综合实训平台。该装配式建筑实训基地不仅获批为江苏省高等职业院校产教深度融合实训平台，而且通过双方的共同努力，成功进入住建部职业院校创新发展行动计划项目。

探索混合所有制办学

该项目充分发挥产学研合作协议中规定的合作双方的职责与义务，谢亿民工程科技有限公司投入 500 万元资金用于建立装配式建筑学院，并新建建筑工程技术（装配式建筑方向）专业，依托江苏城乡建设职业学院土木工程学院，于 2018 年开展大专层次学历教育的招生及学生的日常管理。

江苏城乡建设职业学院也按照谢亿民工程科技有限公司资金投入进度同比例配套投入建设经费人民币 500 万元，为项目的产业化及项目经济社会效益的实现提供保障。开展教育培训、技术认证、对外交流、师资培养等合作事项。并基于现有的装配式建筑教学模型的设施，与江苏城乡建设职业学院共建装配式建筑实训基地，便于更好地开展该方向的教育、培训等工作。

亿造装配式建筑学院是国内第一家混合所有制装配式建筑学院，按有限公司形式设立独立法人机构，负责学院的实际运行管理。

该学院实施董事会领导下的院长负责制，设董事长、名誉院长、执行院长、副院长。名誉院长、执行院长每半年负责召集一次工作协调会，总结装配式建筑学院运行的情况及面临的问题，商讨解决方案及未来工作计划，并监督落实。

各司其职有分工

亿造装配式学院新建建筑工程技术（装配式建筑方向）专业，进行装配式建筑方向专业设置时，做了广泛的社会调查，把握了地方产业结构、经济结构的现状和发展趋势，与行业、企业的用人需要相适应。

课程设置方面，亿造装配式学院从职业分析入手，通过对职业岗位群的职业职责、职业任务的分析，找出装配式技术方向所需要的综合能力和专项能力，进行教学分析，最终确定设置具体的公共必修课、专业必修课、单独设置的实践课。

教学安排方面，亿造装配式学院在学时安排上，总的原则就是实践教学环节应占有较大比例，并形成相对独立的体系，一般占总学时数的50%以上。在开课顺序的安排上，实行"理论—实践—理论""实践—理论—实践"等模式。

考核评价方面，学生在进入企业接受顶岗工作之前，由江苏城乡建设职业学院校内部实施的有针对性、有组织的理论教学和实践教学。在进入企业之前，针对学生理论知识掌握、模拟真实工作的熟练程度，进行上岗前准备情况的测评。在完成企业工作之后，江苏城乡建设职业学院还要根据学生工作情况进行总结性评价。

开展非学历教育，针对一线基层，开设中长期技能认证课程，通过校企合作、校企联办，在实践中学习，在学习中实践，为企业、为行业培养合格的专业施工操作人员。

针对中层管理，开设中短期职业认证课程，通过设计模拟、工厂考察、工程实践，充分了解装配式建筑的工业化思维和管理方式方法。

针对决策高层，开设短期游学交流课程，通过与海外企业的交流合作，沟通探讨，了解技术发展新趋势，行业发展新动态，达到"走出去、请进来、学回家"的目标。

开展设计咨询业务，江苏城乡建设职业学院与谢亿民设计紧密合作，发挥双方各自优势，组建工业化建筑联合设计中心，在设计、研发等方面进行更深入的合作。为客户提供新颖、高效、经济合理且生态的结构设计方案及创新的"从设计到建造"的一体化解决方案。

开展技能业务培训，亿造装配式学院利用生产企业的实训基地，结合江苏城乡建设职业学院的江苏省建筑产业现代化人才实训基地，凭借学院优秀的师资力量，开展全面的技能业务培训。

亿造装配式建筑学院与国内外多家知名职业培训机构联合办学，为学员提供更广阔的视野，同时采用国际先进的企业理事会制度，为校企联合办学提供互动平台。

亿造装配式建筑学院建立装配式构件检测检验制度，在为江苏省装配式建筑构件检测方面做出更多的服务和贡献。

合作之树结硕果

举办装配式技术培训班，亿造装配式学院在 6～7 月分别与省住建厅、住建部联合举行了"互联网＋"建筑产业化人才培养高峰论坛和装配式建筑施工应用技术培训班等活动，住建部、住建厅下辖单位成员、各大高校老师、建筑业企业精英参与会议。

参与项目设计咨询业务，参与装配式建筑实体教学模型的研发、方案设计、施工图设计、深化设计、BIM 设计，是完全自主研发的国内首座新型全装配式建筑 1∶1 实体教学模型。

参与常州新北区飞龙中路某地块项目的装配式方案设计、装配式施工图设计、装配式深化设计。预制率要求 15%，主要预制构件包括预制叠合楼板、预制外墙板及预制楼梯板，户型有跃层，对 PC 深化影响较大。

参与第八届中国花卉博览会主场馆飘板的结构方案、施工图设计。飘板造型飘逸，空间形状复杂，为确保精确的设计与建造，设计过程中大量采用了参数化设计手段。

参与第九届江苏省园艺博览会主展馆的结构设计，本合作项目主展馆为胶合木网壳结构。屋面网壳木梁最大跨度为 28.5 米，为国内已建成的最大跨度自由曲面木网壳。

共同申报科研课题，从提出创立亿造装配式学院的构想开始到成立至今，教师团队科研基础普遍薄弱的现状得到了极大的改善。其中江苏省住房和城乡建设厅科技指导项目、节能课题立项项目等已立项，部分课题项目已经结项。申请自然科学基金项目的数量也在不断增加。随着合作的深入，教师也积极参与到谢亿民工程科技有限公司的技术研究工作中。

开发在线开放课程，亿造装配式学院副院长王生申请的《混凝土 PC 结构施工技术》的在线开放课程已经进入视频制作的后期阶段，与之配套的重点教材编制也已进入最后的收尾阶段。

组织参与技能大赛，在中国建设教育协会主办的 2017 年建设职业技能竞赛中，江苏城乡建设职业学院选派的两支代表队，均获装配式混凝土建筑虚拟施工赛项（高职组）一等奖。在中国建设教育协会主办的 2018 年第三届全国建筑类虚拟建造综合实践大赛中，江苏城乡建设职业学院选派的三名同学，获得一等奖。2018 年 7 月 10 日，在第一届"构力杯"高校 BIM 装配式设计大赛中，江苏城乡建设职业学院参赛作品获得二等奖。2018 年 6 月 22 日，江苏城乡建设职业学院经过重重考核，成功出征第 45 届世界技能大赛混凝土建筑项目全国选拔赛。

在 2016 年、2017 年参加的全国建设类院校施工技术应用技能大赛（三好软件）中，江苏城乡建设职业学院代表队均获得全国一等奖。

成立"装配式"社团，亿造装配式学院成立了装配式学习兴趣小组，在亿造装配式建筑学院院长高宏杰、副院长杨建华、实训中心主任王生等老师的亲自指导下，兴趣小组的学生积极参加以上各项技能大赛，取得了非常可喜的成绩。

启动匠人计划，亿造装配式学院与司空科技携手——装配式内装"匠人计划"酝酿启动。司空科技与亿造装配式学院达成合作意向，依托亿造装配式学院先进的教学理念、完善的实训设施，双方共同打造创新的实训平台，面向在校师生、社会人员开展司空科技独有"全屋定制家装产品体系"的培训、认证，并通过平台派单的形式为通过认证人员提供创业、就业机会。

创办微信公众号、亿造创刊号，亿造装配式学院创立"亿造建科"微信公众号，以亿造装配式学院为主题，每周一篇的精彩文章都具有专业性、趣味性。《创刊号》也被誉为"口袋学院""身边的专家库"，为装配式建筑从业人员提供全方位支持。

在项目经济效益方面，依托该实训基地，亿造装配式学院承担了江苏省住房和城乡建设领域建筑产业现代化人才专门培训，短短几个月时间对外培训人数已达 4000 余人，产生 200 万元的经济效益，项目经济效益显著。

在项目社会效益方面，混合所有制学院的建立，是我国职业教育发展中的新趋势，有利于改善国有资本办学中体制僵化、活力不足、缺乏特色的弊端。

此次民营资本与公办建筑类优质教育资源的嫁接合作，有利于解决装配式建筑建设过程中人才短缺问题，引导装配式建筑相关企业培养自有专业人才队伍，逐步促进建筑业农民工向技术工人的转型。

作为全国第一所专门的装配式建筑学院，承担好人才培养和社会培训两个基本功能，为江苏省的装配式建筑行业培养更多专业人才，来填补装配式建筑发展的急需，并有利于推动职业教育混合所有制办学、提高职业院校服务当地经济社会能力的有益探索。

江苏城乡建设职业学院将根植建筑类院校深厚的建筑技术专业背景、秉承高职院校教学育人的根本任务，将在建筑产业现代化——装配式建筑方向为社会培养更多的建筑类专业技术人员，服务地方经济发展，促进行业转型升级。

不惧问题

亿造装配式建筑学院是国内第一家混合所有制学院，由于混合所有制股东分别来自国有体制和非国有体制，两者存在巨大差异。

公司的各个重要负责人岗位由各股东分别委派人员到岗。国企股东讲究规范化，而民企股东讲究实效，在资金用款方面可能会存在分歧，委派人员服从各自股东要求，如配合不当则容易引起冲突，内部损耗也会较大。

针对以上问题，应采取相关对应措施：

第一，亿造装配式学院由不同体制整合在一起，遵循求同存异、扬长避短的原则，董事会有足够决策自主权，制定出适合公司发展的经济政策、制度管理和用人办法。

第二，亿造装配式学院实行独立核算、自负盈亏，办学及其他业务净收益按股权比例分配。

第三，江苏城乡建设职业学院聘请亿造装配式学院的师资教学，亿造装配式学院聘请江苏城乡建设职业学院现有师资兼职承担教学或管理工作，相关费用由双方根据各自标准直接支付给相关人员。

第四，亿造装配式学院使用江苏城乡建设职业学院投入本项目资源外，其他资产或江苏城乡建设职业学院全日制学历教育、科研过程中使用亿造装配式学院投资建设的实验室、实训场所、设备互不收取费用。

【高校】江苏城乡建设职业学院是隶属于江苏省住房和城乡建设厅的一所省属专科（高职）层次普通高等学校。学院设有6个二级学院、3个学部、32个专业，主要担负为城乡建设行业培养培训高素质技术技能人才的任务，是中国绿色大学联盟常务理事单位，省内第一个以校园为单位的绿色建筑和建筑节能示范区，江苏省科普基地。江苏城乡建设职业学院已经建成了可完成理论学习、仿真识别、参观模拟、动手操作、考培一体的多功能装配式建筑实训基地。该基地下设三个实训中心，分别为钢筋混凝土结构技术实训中心、木结构技术实训中心和钢结构技术实训中心，已形成"一体三翼"实训体系。该实训基地既能为校内各专业提供与装配式领域有关的实训内容教学设备，又可以有效提高校内教师教学水平与科研能力，为其提供丰富的教学内容支持。

第四篇　共建创新载体

携手创新　共谋发展

——江苏浩峰汽车附件有限公司

【公司】江苏浩峰汽车附件有限公司专业生产汽车零部件，进行新技术、新产品的研发，主要产品包括汽车转向系统关键零部件、汽车空调储液器、汽车电机智能控制模块等。2010年8月被授予"高新技术企业"称号。目前共申请发明专利16项，已授权10项，申请实用新型专利18项，已授权15项。2010年5月，公司申报建立了"江苏省汽车转向系统关键零部件工程技术研究中心"和北京浩峰新源科技有限公司，聘请专家、博士主持项目攻关和新产品、新技术的研发，公司产品在行业中的地位逐渐提升，特别是汽车智能电子控制模块产品技术处于国内领先。

突破技术瓶颈

目前，高效、高功率密度、一体化集成的电机—电控技术是国内外新能源汽车驱动系统的发展趋势。宝马、大众、丰田等国外主流整车厂的驱动系统均为自主研发配套，而国内集电机和控制器研发生产为一体的供应商很少。江苏浩峰汽车附件有限公司与河海大学物联网工程学院进行产学研合作，创新研发了高效永磁同步电机及高功率密度控制器，突破了电机与控制器的系统级集成技术，解决了不同厂家制造的电机、控制器带来的性能不匹配、验证周期长等问题，系统性能达到国际先进水平。

校企协同共创新

2015 年开始，河海大学物联网工程学院与江苏浩峰汽车附件有限公司开展产学研合作，共建研发团队，共同开发新能源汽车用高效永磁同步电机及控制器研发项目。具体研发目标如下：

（1）研发永磁同步电机本体优化设计技术。研究定转子硅钢片材料、极槽配合、绕组参数、磁钢结构对电机性能的影响机理，优化电机本体基础参数、结构工艺、应用形式等设计方案，形成 20~220kW 系列化电机，满足乘用车、物流车、大巴车的驱动要求，实现电机峰值功率密度比 ≥4.2kW/kg，工作效率 ≥90%，最高效率 ≥98%。

（2）研发定转子自动叠片装置。针对内置式磁钢结构，研发电机复杂铁心自动扣铆技术，开发定转子自动叠片装置，解决翘片问题，提高定转子垂直度，提升生产效率 40%，减少人力 70%。

（3）研发电机驱动控制器集成技术。针对 20~220kW 电驱控制器，研究膜电容器、直接封装式的功率器件、低热阻散热系统、数字化控制单元等关键部件的高度集成方案，开发高功率密度的电机驱动控制器，实现电驱控制器最高效率 ≥98.2%，功率密度比 ≥15kW/L。

（4）研发电驱智能化控制技术。研究启动扭矩自适应控制、转子初始位置混合检测、调速系统双闭环模糊控制等关键技术，开发电机智能控制算法，满足不同车型 ECU 的工况需求，实现电机启动扭矩 ≥200% 额定扭矩，转子初始位置角检测误差 ≤5°，恒扭矩区最大扭矩电流比控制误差 ≤3%。

（5）研发电机—控制器生产线制造执行系统。基于分层多代理的智慧工厂物联网架构，研究分层管控的耦合应用集成技术，围绕本项目产品开发符合国际标准 ISAS95 的 MES 系统，将业务流程与生产流程有机结合，实现"来料—装配—检测—包装"全过程智能化管理。

合作共赢 成绩斐然

本项目产品处于新能源汽车制造的中间环节，是新能源汽车"三电"中两大核心部件，上游是金属材料、轴承等电机电控原材料制造，下游是新能源汽车动力总成组装。

在合作过程中，核心技术已取得授权发明专利2件，分别为无刷直流电机的开环启动方法及系统（ZL 201310290030.6）、车用直流无刷电机的控制器（ZL 201210267896.0）。实施期内新增投资7000万元，其中研发投入2100万元，产业化投入4900万元。新建10000平方米研发、生产车间。购置高低温试验箱、高压电源、测功机平台等17台/套研发设备，购置模具、压力机、机器人等30台/套产业化设备，改造现有电机生产线，建成2条以上电机及控制器生产线。重点解决以下技术难题：

第一，研发永磁同步电机本体优化设计技术。基于多目标定转子结构参数性能优化模型，优化确定总体方案，根据相关技术要求，确定转子、定子的基本结构及材料选取，根据额定技术参数，确定转子与定子铁心尺寸、绕组连接方式，根据电磁场—流场—温度场耦合热模型对电机的温度场进行分析计算，建立电机的绕组分布、电磁负荷、定转子槽型等关键设计参数的选取原则。

第二，研发定转子自动叠片装置。针对内置式磁钢结构，研发电机复杂铁心自动扣铆技术，开发定转子自动叠片装置，取代人工理片、加压、铆钉或螺钉连接、氩弧焊等工艺，解决翘片问题，实现叠片与备料过程的同步控制，提高叠片的效率和定转子垂直度，保证铁心冲片的叠装质量，提高生产效率40%。

第三，研发电机驱动控制器集成技术。针对20～220kW系列化电机控制驱动器，优化功率变换器结构和功率模块布局，将电机驱动控制系统集成化设计，开发并联封装技术，消除分立器件参数杂散性导致的可靠性问题，提高驱动控制器功率密度和使用寿命，实现膜电容器、直接封装式的功率器件以及低热阻散热器、数字化控制单元等关键部件高度集成，从而增加车载电力电子系统的功率密度。优化温升监测控制模块，实时监测绕组温度，反馈数据，以热网络模型为基础，准确计算分析电机各关键部件温升，实现温升故障诊断与预测，解决转子温升测量困难的问题，结合现有高性能与容错控制算法，实现电机高可靠性最优控制。

第四，研发电驱智能化控制技术。为了满足不同车型 ECU 的工况需求，基于旋转坐标系下永磁同步电机的数学模型，研究速度自适应控制和电流闭环控制技术，建立永磁同步电机启动过程控制模型，提升电机驱动系统启动阶段的过载能力，实现电动汽车的快速启动。

第五，研发电机—电控生产线制造执行系统。基于分层多代理的智慧工厂物联网架构，针对永磁同步电机及控制器生产管理的特点和技术体系，开展需求分析，梳理业务流程和生产流程，研究分层管控的耦合应用集成技术（如数据聚合、API、统一对象模型、XML 等），开发符合国际标准 ISAS95 的 MES 系统，将业务流程与生产流程有机结合，实现"来料—装配—检测—包装"全过程智能化管理，提高产品制造过程的可控性与可追溯性。

产学研项目的顺利推进将填补国内高效永磁同步电机及控制器的空白，满足新能源汽车发展对电机驱动系统高效率、低成本、集成化、智能化的要求，对带动国产新能源汽车用永磁同步电机在市场上的大规模应用、促进国内驱动电机工业的发展和转型升级、抢占新能源汽车高效永磁同步电机的应用技术制高点具有重要推动作用。

【高校】河海大学物联网工程学院坐落于常州市，是一所以培养电子信息类、计算机类、自动化类人才为主的学院，拥有江苏省输配电装备技术重点实验室、特种机器人技术江苏省高校重点实验室（校企共建）、常州市输配电及节电技术重点实验室、常州市传感网与环境感知重点实验室、常州市特种机器人及智能技术重点实验室（校企共建）、常州市图形图像与骨科植入物数字化技术重点实验室，6 个省级、市级科技平台。

加强建设　不断创新

——江苏正昌粮机股份有限公司

【公司】江苏正昌粮机股份有限公司是一家以饲料装备及其工程为主的国家重点高新技术企业，是国内饲料机械行业的领军型企业，先后被授予"中国驰名商标""全国重合同守信用企业""全国模范职工之家""全国模范劳动关系和谐企业""江苏省重点培育和发展的国际知名品牌""中国粮油机械制造企业10强""江苏省两化深度融合创新示范企业"等荣誉。正昌机械产品在行业内首家通过了 ISO 9001、ISO 14001、OHSAS 18001 三体系认证，380 多个产品先后通过了 CE 及 GOST－R 认证。

争当世界第一流

"江苏省粮食安全储贮及装备工程技术研究中心""江苏省博士后创新实践基地"正昌致力于世界一流饲料机械与工程产品的发展。通过多年的努力，已累计开发 300 余件新产品，获得国家专利 177 项。主持 1 项、参与 3 项国家标准的制定，主持 2 项、参与 11 项行业标准的制定。正昌品牌的系列饲料机械、成套工程业务已遍及全球 80 多个国家和地区，为正大、新希望等全球 1 万多家饲料企业提供了 9000 多台套制粒机装备，在全球完成近 3000 座整厂工程。

公司设有"江苏省企业技术中心"等三个省级研发机构，并被评为"江苏省重点企业研发机构"，2018 年又被认定为"常州市工业设计中心"。

公司秉承"做世界一流的粮、油、饲料与工程公司"的企业愿景，以"稳健经营、持续创新"的企业作风，坚持高起点、高标准、高投入，持续做饲料机械行业的技术领跑者。

广撒网　多捕鱼

多年来，公司十分重视产学研合作，先后与农业部南京农业机械化研究所、东南大学、中国农业大学、中国农业科学研究院饲料科学研究所、河南工业大学、江苏大学等高校科研院所进行产学研合作，借助它们的雄厚科研实力，充分发挥各自优势，借用"外智"，解决了科研项目中许多重大技术难点问题，缩短了科研周期，对提高项目成功率有十分重要的作用。

多次与农业部南京农业机械化研究所合作承担科研课题，农业部南京农业机械化研究所地处古城南京，是国务院 1957 年批准成立的我国最早的农机科研院所之一，是中国农业科学院九大学科群中农业工程学科群的主要依托单位之一。在职职工 232 人，其中研究员 19 人、高级工程师 57 人。50 多年来，研究所为我国农业机械化事业做出了重大贡献。从 1990 年至 2005 年，正昌粮机与农业部南京农业机械化研究所共同参与了"秸秆气化发电""饲料平模制粒""垃圾综合处理"等研发课题，产学研合作源远流长。

2006 年，正昌粮机主持承担了国家"十一五"重大科技支撑计划课题"生物质成型燃料产品及装备开发"，农业部南京农业机械化研究所和东南大学作为参加单位参与了该项目的课题研发。该课题在研究生物质原料预处理、纤维结合、原料粉碎、制粒工艺组合一体化集成技术等方面，都取得了重大技术突破，申报了多项发明专利，并于 2010 年顺利通过了国家科技部专家组的项目验收。

行业领域有担当

在完成国家"十一五"科技支撑项目并取得多项技术创新突破、完成技术积累的基础上，该公司于 2010 年承担了江苏省科技计划项目"移动式生物质固体成型燃料加工机组"，农业部南京农业机械化研究所作为合作伙伴共同进行产学研合作。

该项目主要研究内容为：原料预处理工艺对成型燃料性能、原料粒度分布和环模结构对成型工艺的影响；纤维结合技术、提高生物质原料的加工适用性；研制大规模、低能耗的将原料预处理、粉碎、成型工艺组合集成为一体化、可移动的成型燃料生产设备；研制农村废弃物的粉碎、成型特性、掌握粉碎细度、成型温度、水分变化、模辊挤压应力等技术参数；研发适合生物质成型使用的环模、锤片新材料、新工艺，优化锤片、环模设计。

　　该项目主要解决的关键技术与创新点为：移动式杆颗粒燃料加工机组采用秸秆原料连续粉碎、除尘、制粒新工艺，机组中的组合粉碎机、环模颗粒成型机经实际使用，均取得了良好的效果，达到了国内先进水平。机组工艺参数适应高水分秆的粉碎、制粒。秸秆粉碎采用高压脉冲除尘，粉尘达标排放，提供了一个较好的现场粉碎环境。在机组及各设备的试制过程中，完成了两项关键易损件新材料、新工艺的研究开发，完成了秸秆粉碎机用"真空熔接碳化钨锤片"的研制，完成了秸秆颗粒成型用"中碳合金钢环模"的研制。

　　在该项目实施过程中，申报并获得1项发明专利（移动式秸秆颗粒燃料加工机组，专利号：ZL 200810092579.3）；参与起草了两项行业标准（①生物质固体成型燃料成型设备试验方法，NY/T 1883 – 2010；②生物质固体成型设备试验方法第1部分～第8部分，NY/T 18831.1 – 2010～NY/T 18831.8 – 2010）。形成年产10台套以上生产能力，实现销售额620万元，利税133.93万元。

聚焦智能化生产线

　　该公司针对大型智能化饲料生产线关键技术，三度与中国农业大学进行产学研合作。参与中国农大与中国农科院共同承担的国家"十一五"重大科技支撑计划课题。2006年，中国农大与中国农科院共同主持承担了国家"十一五"科技支撑计划课题"高效安全性饲料生产与示范"，正昌粮机承担其子课题"时产35吨大型饲料生产线及关键装备研发与示范"，负责研发时产35吨的858制粒机及其配套的粉碎机、混合机、冷却器及分级筛等大型设备，建立生产线的示范与推广基地3个。申报发明专利2项，制定企业标准3项，项目顺利通过验收。

　　参与中国农大主持的国家"十二五"重大科技支撑计划课题。2012年，中国农业大学承担国家"十二五"科技支撑计划课题"安全优质饲料生产关键技术研发与集成示范"，正昌粮机公司承担其子课题"饲料挤压膨胀加工工艺技术研究及产业化示范"。子课题负责饲料挤压进行饲料挤压膨胀加工工艺关键设备的优化设计，研究主要运转参数对饲料熟化和灭菌效果的影响规律；优化挤压膨胀工艺节能、高效加工工艺参数，在不同饲料品种挤压膨胀加工工艺条件下进行饲料产品质量和产量的变化规律研究；研究开发高效膨胀机、膨胀碎粒机或干燥冷却机等关键设备；研究其智能过程控制技术；完成饲料挤压膨胀加工成套技术工艺；建立饲料挤压膨胀加工示范生产线和示范基地。通过该课题的实施，正昌粮机研究开发了饲料挤压膨胀加工成套技术工艺 1 套；研究开发了高效膨胀机、膨胀碎粒机、干燥冷却机等关键设备及其他配套设备；建立了饲料挤压膨胀加工成套技术中试线 2 条；建立了企业技术中心和江苏省博士后创新实践基地。申请了发明专利 1 项、实用新型专利 2 项，制定企业标准 2 项。

正昌粮机主持承担了江苏省科技成果转化专项资金项目，中国农业大学第三次成为紧密的产学研合作伙伴。

经过前两次的合作与交流，正昌粮机与中国农大在产学研过程中有了更深的理解与信任。2012 年，正昌粮机主持承担了江苏省科技成果转化专项资金项目"单线时产 50~75 吨大型智能化饲料生产线及关键装备研发及产业化"，与中国农业大学开展第三次合作。

依托中国农业大学在技术上的优势以及正昌粮机公司在生产工艺方面的经验，项目团队在前期的技术成果基础上，实施了进一步的研究开发，显著提高了大型智能化饲料生产线的技术水平、产品质量和生产效率，具体的科研成果如下：研发了比合同要求更大型的环模内径为 1208 毫米时产达 55~75 吨的大型智能化制粒机；改进与之相匹配的大型智能化粉碎机、膨化机、膨胀器、混合机、冷却器等关键装备，实现产品成套化、系列化；升级了饲料生产全过程远程监控、故障诊断、调整配方、信息化管理技术，提升生产线的生产效率与管理水平；为了解决饲料生产线大型化后在设计、制造和安装中所派生出的技术难题，公司又花费 400 万元巨资在国内率先引进了"三维数字化工厂"设计平台（ZL201210017159.5）。

项目实施期间，获得国家专利授权 23 件，其中发明专利 4 项［新型锤片粉碎机（ZL201010618883.4），锤片粉碎机（ZL201210017159.5），弹簧支撑回转筛（ZL201110458031.8），桨叶混合机及其桨叶排布方式（ZL201110309476.X）］、实用新型专利 19 项。制定行业标准 2 项（连续式桨叶糖蜜混合机 JB/T 11928—2014；桨叶间歇式真空喷涂系统 JB/T 11927—2014），企业技术标准 3 项。在国内核心期刊发表论文 3 篇，其中 EI 收录 1 篇。实现销售收入 26091.55 万元，纳税总额 421.98 万元，实现净利润 1616.1 万元，实现出口创汇 1863.65 万元，各项考核指标都已达到预定目标，在 2016 年 9 月顺利通过江苏省科技厅组织的验收。该项目的成功实施，打破了国外公司技术和价格垄断，对促进我国饲料装备产业向高端攀升具有巨大的推动作用。

文化领头人

历时三年，正昌粮机董事长郝波先生与中国饲料行业知名专家曹康教授合著了《中国现代饲料工程学》，该书由上海科学技术文献出版社于 2014 年正式出版，全书分为上、下两册，共 380 万字。

该书首次以现代饲料加工工程体系的方式，就国内外饲料工业中饲料生产新工艺、新技术与新设备的现状、发展趋势、新产品开发和创新及相关理论进行了论述，介绍了饲料工业现代企业管理、生产管理、质量管理、防爆技术和生产过程控制技术等方面内容，同时还兼顾动物营养与饲料加工之间的关系等相关内容，注重理论和实际相结合，真正达到科学性、新颖性和实用性。适用于从事饲料工作的管理人员、工程技术人员、科研人员阅读，又可用作大专院校教学的参考书。

自身总结

企业要真心重视产学研合作的意义和作用，真诚对待产学研合作单位，为产学研建立有效的常态工作机制和工作环境，只有这样，才能真正发挥优势互补的作用。

企业要根据自身产品发展规划和技术路线图，聚焦关键技术的突破，确立产学研合作项目，选择具有相关经验的高校、科研院所和技术型公司，联合进行技术开发工作，达到缩短科研周期的效果。

企业要为产学研合作项目设立专门的项目团队进行跟进，总体负责、有效协调，充分发挥各方的优势力量，形成合力。

【高校】中国农业大学（China Agricultural University，CAU），位于北京市，是中华人民共和国教育部直属，中华人民共和国水利部、中华人民共和国农业农村部和北京市共建的一所全国重点大学，位列"双一流"建设高校、"985工程"、"211工程"，入选"基础学科招生改革试点"、"2011计划"、"111计划"、卓越工程师教育培养计划、卓越农林人才教育培养计划、国家建设高水平大学公派研究生项目、中国政府奖学金来华留学生接收院校、国家大学生文化素质教育基地，为中国—加州大学系统"10＋10"合作科研联盟成员高校。截至2019年12月，学校占地125万平方米，校舍面积123万平方米；设有19个学院，开办本科专业66个；有全日制本科生12182名，全日制研究生8930名；有专任教师1860人；有一级学科博士学位授权点21个、一级学科硕士学位授权点32个；馆藏图书近200万册。

平衡规划　共享设计

——常州市城建艾科绿色技术有限公司

【公司】常州市城建艾科绿色技术有限公司依托深圳建筑科学研究院股份有限公司作为国家高新技术企业的技术优势和江苏城乡建设职业学院作为建设类人才培养的专业优势，立足常州辐射江苏以及华东区域，为客户提供 BIM 技术服务、生态城区规划、绿色园区与建筑设计与咨询、公信服务、绿色生态文化传播、绿色建筑项目管理、绿色建筑展览展示策划服务、绿色低碳技术培训推广等业务，以适应城乡建设模式和建筑业发展方式的转变，推动区域绿色城市和绿色建筑的发展，同时公司的经营与发展也将促进江苏城乡建设职业学院的绿色校园的可续性发展和绿色建筑人才的高效培养。

【公司】深圳市建筑科学研究院股份有限公司为国家级高新技术企业。经营范围包括城市及建筑科学研究，城市规划编制，工程咨询、勘察、设计、质量检测与检查、项目管理、监理及相关技术服务，环境工程检测和咨询，建筑工程性能评估，能耗测评及节能检测评价，绿色节能改造咨询与施工，绿色建筑运营管理，碳审计与评估，绿色低碳技术与产品开发、咨询、培训推广和销售贸易。

时间不止　探索不停

2011 年 4 月 11 日，常州市城建艾科绿色技术有限公司以实习培训、课程教学、专业设置和科研作为手段，开展苏南地区绿色建筑工程技术研究和实践工作，探索绿色建筑、能效测评在常武地区的推广模式。

2011 年 5 月 24 日，深圳市人大常委会委员、深圳市建筑科学研究院院长、住建部节能专家委员会委员、住建部住宅设计与产业现代化技术专家委员会委员、世界华人建筑师协会创会会员叶青女士到江苏省常州建设高等职业学校（江苏城乡建设职业学院前身）考察。

2011 年 9 月 20 日，江苏省常州建设高等职业学校与深圳建筑科学研究院共同组建的绿色建筑工程技术联合中心签约暨揭牌仪式在江苏省常州建设高等职业学校学术报告厅举行。

2011 年 9 月 29 日，深圳市建筑科学研究院与江苏省常州建设高等职业学校正式签订战略合作框架协议（中远期在学校所在地成立运营中心为平台运营）。

2014 年 10 月 28 日，由江苏城乡建设职业学院与深圳市建筑科学研究院共同投资的常州市城建艾科绿色技术有限公司成立。

共谱新篇章

双方合作领域主要涉及建筑制图，根据深圳建科院制图标准和管理流程，完成建筑、结构、水暖电等专业的施工图制图；BIM 建模，利用 BIM 软件，完成建筑、结构、水暖电三维信息模型搭建、族库建设及建筑材料设备信息输入，可服务于城建绿色校园，并对于 BIM 的升级应用做出了探索；能效测评，完成建筑监测、审计及能效评估以及建筑可再生能源系统检查等现场测试和检查报告的编写工作，服务于国内众多一流企业；模拟建模，利用通风、噪声、采光、GIS 等模拟软件，完成分析模型的搭建、分析计算及结果数据提取工作。

江苏城乡建设职业学院和深圳市建筑科学研究院的合作方式分为三类：实习、劳务派遣和项目分包、人才定向培养，在短短四年内已取得显著成效。常州市城建艾科绿色技术有限公司的成立，既能够让深圳建科院获取更多产值，又锻炼了学生，实现资源共享，提高运营效率，并且在行业应用方面取得了显著效果。

为了持久建设美丽中国，培养绿色建筑行业后备人才，公司成立以来先后对常州工学院、江苏城建学院、常州市第二十四中学等近百名学校师生进行了绿色建筑专业知识培训和实际项目参与，播撒下绿色的种子，践行了传播绿色文化的理念。

学生在常州市城建艾科绿色技术有限公司实习锻炼期间，教师与学生一起为企业提供技术服务，解决技术问题，与城建艾科的员工共同学习、共同进步，学生通过实习锻炼，提高了所学知识的运用、动手操作能力以及各类软件的应用能力，提高了学生技术协调等各方面的能力，为学生今后的学习工作打下了坚实的基础。

　　【高校】江苏城乡建设职业学院是隶属于江苏省住房和城乡建设厅的一所省属专科（高职）层次普通高等学校。学院设有6个二级学院，3个学部，32个专业，主要承担为城乡建设行业培养培训高素质技术技能人才的任务，是中国绿色大学联盟常务理事单位，省内第一个以校园为单位的绿色建筑和建筑节能示范区，江苏省科普基地。学院现有殷村和清潭两个校区。总占地面积813亩，总建筑面积26.1万平方米。新校区以打造"绿色校园"为总体目标，是省内第一个以校园为单位的绿色建筑和建筑节能示范区。绿色校园是将绿色建筑系统化的组合在一起，为学生和教师提供健康、适用和高效的学习空间，并对学生具有教育意义的和谐校园。

市场要以"中心"为核

——常州市阳光药业有限公司

【公司】常州市阳光药业有限公司建有江苏省聚酰亚胺单体工程技术研究中心，拥有一个 30 多名科技人员组成的研发团队，其中高级职称 5 名，中级职称 12 名，建有独立的研发大楼。2017 年研发投入 1626.87 万元，占销售收入的 5.86%。公司主营业务生物医药、高性能聚合物单体和添加剂，其中高性能聚酰亚胺、芳纶、聚苯并噁唑等单体在国内外具有重要地位，是该行业的领军企业公司。该公司还是国家高新技术企业、江苏省民营科技企业、江苏省重合同守信 AAA 企业、银行资信 AAA 级企业；拥有中国 CFDA 的 GMP 认证、美国 FDA 的 cGMP 认证、欧盟 EDQM 的 ICH－Q7a 认证、法国 GMP 证书、ISO 9001：2008、ISO 14001：2004。

合作有特点

本联合实验室的性质为非独立法人制和非工商注册的研究开发机构，以甲、乙双方现有技术开发能力和资源，进行相关共性技术的开发研究；本联合实验室的四川大学化学学院分部主要开展基础、应用基础和探索性研究工作。常州阳光药业有限公司研究分部主要开展工艺性实验研究、中试研究和产业化的应用开发工作。在人才培养方面，每年定期委培，双向交流，针对产业化重点培养。

2006 年，常州市阳光药业有限公司在市委领导带领下赴四川大学参加产学研活动，正是通过这次活动结识了四川大学化学学院刚刚回国不久的游劲松老师，双方迅速开始了合作，并在 2008 年正式签订了《研究平台建设以及技术咨询服务》协议；2010 年，联合申报《常州市聚酰亚胺单体工程技术研究中心》项目；2013 年双方合作协议修订为《共建联合实验室及技术咨询与服务平台》，同时联合申报《江苏省聚酰亚胺单体工程技术研究中心》项目，于 2018 年延续签订了《共建研发平台协议》。

共建研发平台

双方团队在共建高性能聚酰亚胺材料领域提供工程化、产业化特种聚酰亚胺单体的研究机构平台的过程中，综合考虑到目前国内外聚酰亚胺材料的发展趋势和江苏省高性能聚酰亚胺材料的发展方向，拟定了主要研究课题和研究方向，并取得了一定的成果：①开展四甲基中间体的绿色氧化技术的研究。②BTDA 是聚酰亚胺二元酐单体中使用量仅次于均酐 PMDA、联苯酐 BPDA 的第三大单体，目前国内仍是空白，国外也只有德国的赢创 – 德固赛公司一家生产。其中，四甲基中间体的绿色氧化技术是关键技术，该氧化技术也可应用于其他一些二元酐单体的研发，如使用量最大的含氟二酐 6FDA。

进行热塑性聚酰亚胺使用量最大的二元胺单体双酚 A 二胺 BAPP 的中试产业化；"中心"已经掌握了 BAPP 单体的环保缩合技术和绿色还原技术，尤其是电子级 BAPP 单体的除杂质离子（单个金属离子含量均低于 1ppm）的 KNOW – HOW 技术，满足快速增长的微电子领域对热塑性聚酰亚胺薄膜的需求。

进行芳杂环咪唑二胺单体的中试产业化；由该单体合成的新型聚酰亚胺薄膜，是目前研究发现力学性能最优异的薄膜之一，比经典结构（PMDA/ODA）的聚酰亚胺薄膜的强度高 50% 以上，而且这种薄膜还是一种热塑性聚酰亚胺薄膜，可应用于柔性印制线路板领域。此外，全球热塑性聚酰亚胺生产的龙头企业——沙特阿拉伯的 SABIC 公司（原美国 GE 公司），在 21 世纪初投放市场的当前耐温最高、可以注塑成型的最新一代的无定形聚酰亚胺 Extem®，就是使用该单体来生产的，目前产量已近千吨。

拿出成果　填补空白

常州市阳光药业有限公司与四川大学游劲松老师团队通过优势互补，以市场需求为导向，以科研开发为动力，以地区经济发展为目的，走产学研高技术发展道路，逐步形成科研、中试、生产、经营及技术服务的良性循环。阳光药业定期组织人员到四川大学进行定向培训，充分利用四川大学丰富的教学和仪器设备资源，同时邀请课题组老师到阳光药业现场教学，针对性地解决产业化问题，培养产业化人才。

经济效益方面，2008～2018年，累计开发新产品近20项，为企业新增销售1亿多元，形成新工艺近30项，申请发明专利24项，其中10项已经获得授权。

社会效益方面，双方团队通过跟踪高性能聚酰亚胺材料行业和相关应用领域的前沿技术，通过自主开发和产学研合作高校及研究院所的最新研究成果，进行新技术、新工艺和新产品的工程化研究开发，建立一个国内领先并达到国际同类产品先进水平的聚酰亚胺单体工程技术研究中心，培养一支集科研、生产、应用技术的复合型人才队伍，推进我国尤其是江苏省聚酰亚胺材料产业的发展。

开发的部分单体产品填补国内空白，分阶段逐步拥有自主知识产权，形成以"中心"为核心，集科、工、贸为一体的现代企业集团，成为江苏乃至全国的聚酰亚胺单体的开发、中试及生产基地，使"中心"研发的高性能聚酰亚胺单体材料不但能逐步取代进口，填补国内空白，促进国内聚酰亚胺材料领域的快速发展，而且还能大量出口，加速地方经济的产业升级。

【高校】四川大学化学学院游劲松教授研究团队是"高选择性的有机合成新反应与新策略"国家自然科学基金创新群体和教育部创新团队的重要组成部分，具有多年从事有机合成和有机功能材料研究的经验和基础。致力于发展有机合成新方法、新反应和新策略，研究它们在聚合物材料、光电器件等方面的应用。近年来，在利用杂芳环C-H键直接官能化构建芳（杂）稠环化合物、共轭小分子、寡聚物或者高聚物等方面形成了自己的特色，产生了较大的国内外影响，申请发明专利12项，获1项省部级科技成果奖。

共研共育　美艺美人

——常州博赢精密模具科技股份有限公司

【公司】常州博赢精密模具科技股份有限公司主要为各类汽车主机厂研发和制造大中型高精、尖端注塑模具，是江苏省精密模具重点骨干企业，也是各级政府重点推动、扶持的创新型民营科技企业，是江苏省模具行业协会副会长单位。公司拥有经验丰富的研发设计团队50人，拥有国内外先进的模具加工、检测设备价值9800余万元，宽敞明亮的办公区域4000平方米，生产面积15000平方米。一流的模具设计加工软件和ERP项目管理系统及DNC数据传输系统，确保每月可开发中大型模具25套左右。

一专一名企

2012年，在常州市政府的大力支持下，常州博赢精密模具科技股份有限公司与常州机电学院双方实行产、学、研一体化"校企"合作，共同创办了常州机电博赢模具学院。2016年公司业务蒸蒸日上，除了机电学院厂区外又在武进高新区设立了新的厂区。2017年公司吸引基金投资4000万元，用于高新设备的添置扩大再生产，同时公司走上了股份化的道路。

公司实行精品战略，窗框模具已经成为行业"领头羊"，另在电镀件、高光件、宜变形的细长条模具方面积累了相当的经验，已成为沃尔沃、德国宝马、北美特斯拉、日本丰田、上汽大众、上汽通用等各大汽车厂的首选模具供应商。

双方共同搭建了专业教学管理平台，是学院的双师素质教师培养基地、兼职教师储备基地和顶岗实习基地，促进了学院的专业人才培养模式与课程体系改革、实训条件建设、师资队伍培养等。2017年协助学院累计为七名模具专业骨干教师开发技术攻关、技术培训、企业顶岗等实践项目；安排六名企业技术骨干承担《塑料模制造技术综合应用》等七门模具专业课程教学任务，累计授课学时总数达838学时。

双方联合组建科研团队，将丰富的人才培养经验和技术优势相结合，建成了常州市模具设计与制造科技服务中心等科研平台。2017年，面向武进高新区内中小模具企业开展的项目研发、技术咨询等技术服务项目20余项；开发了汽车热流道模具技术、多轴数控编程等五个新技术培训项目，培训企业员工600余人。

技术国产化

汽车注塑窗框条起源于美国的高端车，起先只在克莱斯勒汽车上运用，以其强度高、产品美观、装配容易而替代原来的橡胶条。后来逐渐沿用到美国的通用车、美国的福特车上，并被其他高端欧系车所沿用。随着中国汽车市场的成熟和崛起，规模化的销售使中国的合资企业逐渐感受到国外直接进口产品的压力，高昂的产品价格、较长的运输时间、不便的交流沟通、基本为零的售后服务以及强势的供应商体系让整车厂决定国产化。

国产化的第一步选择国内生产的外资注塑供应商，天价购买欧洲的模具回来进行生产。国产化的第二步指定模具厂进行窗框模具的技术攻关，仍由外资注塑供应商进行生产。国产化的第三步则完全由国内的模具厂和注塑厂联合开发轻量化的产品，模具价格降为原来的1/2，注塑产品价格降为原来的1/3。

主要解决的问题是：内缩和变形，产品呈"C"字形，产品成型后会内缩，影响与钣金件装配。由于PA6 + GF15的材料流动性差，模具浇口设计及Mould-flow分析验证非常关键。产品变形点位数量、浇口大小、注射压力、提高模具温度、水路充分冷却。

表面缺陷，虎皮纹、气纹、熔接线等缺陷解决，产品末端与拐角处容易出现虎皮纹，可以增加点位，模温提高到70～110℃，使虎皮纹容易控制。皮纹边界及排气设计，充填末端排气设计充分。

模温分段，窗框饰条采用尼龙＋玻纤材料，需要高温高压注射，经过博赢生产经验，模温控制在 90℃ 左右，可以较好地改善外观色差、控制变形，特别是产品末端与拐角处容易出现虎皮纹。

内应力消除，产品中的内应力与冷却时间的物料和模具温度之间的差值大致成正比关系，因此要求较高的模温。控制模具温度的目的是减小模具温度及料温的差异，降低内应力。窗框模具凹凸模采用 2344 料，淬火硬度 HRC45 – 48，消除材料内应力，使板件更稳定。

针对以上问题双方提供了专业的解决办法：

第一，采用模温分段技术，产品呈"C"字形，产品成型后会内缩，影响与钣金件装配，采用水路冷却与模温调节，凹模 90 ~ 100℃ 和凸模 80 ~ 90℃，消除内应力，解决内缩。

第二，采用无凝料装置结构设计，具体利用顺序阀热流道侧浇口和皮纹边界及排气设计，实现熔接线变形控制，解决产品表面虎皮纹和气纹等缺陷。模具顶出精度达到 0.03 毫米，模具主要零件加工精度达到 0.03 毫米，模具寿命达到 100 万次。

第三，采用薄壁处理技术，通过材料选择（PA6 + GF15）、Mouldflow 分析验证和利用预变形控制，采用高速高压多点位注塑工艺，可实现多点顺序薄壁件 1.2 毫米，相对于原先初代工艺（产品 2.5 ~ 3 毫米），塑件材料平均节约 60% 左右。

第四，采用分模 PL 夹线设计技术，分模 PL 面在外观面且异面，间隙小，通过拼接夹线镶件，保证在组合加工、配模、抛光、成型时模具定位一致、准确。采用一模二腔技术，开模面四周设计 0 度精定位，保证前后模合模精度在正负 0.01 毫米以内，从而保证分模 PL 线夹线误差在 0.02 毫米以内。

做学并行

在学院专业建设合作委员会的指导下，以工作任务为中心，以"校中厂""研究所"等典型平台为载体，校企双方共同实施项目教学，强调在"做"中"学"，以"做"促"学"。校行企共建专兼结合的混编式教科研团队，开展模具技术服务与研究，将科研成果转化为典型教学案例，项目驱动，反哺教学；以专业社团为载体，实行校企双导师制，师导生创，学生参与产品开发、模具设计等项目，研学互融。

整合各方优质资源，共享"校中厂""厂中校"大型先进设备，开发先进的奥迪、大众等高端汽车模具实践项目，基于实际产品生产流程组织教学，学习任务接轨未来实际职业岗位任务，发挥技术开发和社会服务功能，开展学生工业训练和创新创业训练，打造人才培养开放平台。

本项目开发的汽车窗框饰条高精密模具占有中国窗框条模具60%以上的市场，获得全国"精模奖"一等奖，项目通过了中国机械工业联合会鉴定，鉴定委员会认为总体技术达到了同类模具的国际先进水平。项目研发成果促进了汽车行业发展和模具行业技术进步，提高了我国注塑模具产品在国际市场的竞争力。同时，项目成果的推广应用，也提高了汽车零部件行业注塑件的生产水平，提升企业的核心竞争力。窗框饰条高精密模具已在大众、通用、菲亚特等汽车制造过程中得到应用，具有广阔的应用和发展前景。

【高校】常州机电职业技术学院现为国家骨干高职院校、江苏省高水平高职院校，现坐落于以高等职业教育为显著特色的常州科教城内，占地面积942亩，建筑面积26万多平方米，现有各类仪器设备总值1.3亿元。学校主动对接区域产业发展需求，设有先进制造技术、智能装备技术、物联网与制造业信息化等六大特色专业群。

智能制造　智慧灌溉

——江苏金喷灌排设备有限公司

【公司】江苏金喷灌排设备有限公司是一家集研发、生产和销售喷灌设备于一体的高新技术企业，是中国水利企业协会灌排设备企业分会会员单位。产品有：高效节能型喷灌机组，管径为65、75、85、90系列的节能高效型卷盘喷灌机、排灌泵、供水软管、喷头及各类喷灌管件。公司积累了丰富的喷灌机生产经验，具备雄厚扎实的技术研发和生产制造能力。

打破陈规　共创研发小天地

江苏金喷灌排设备有限公司与江苏大学共同建有江苏大学－金喷灌排产学研合作基地、江苏大学流体机械工程研究中心产品中试基地等产学研平台。公司定期安排专业技术人员到江苏大学进行业务培训，内容包括微喷系统、滴灌系统设计、排灌设备设计等，同时该中心安排研究生到企业进行课题研究。

"智慧灌溉轻巧型自循环多级自吸灌溉泵系统的研发"课题的特点及合作过程：目前，我国普通自吸喷灌泵虽有批量生产，但在智能高效自吸喷灌泵系列产品的研究方面仍处于起步阶段。江苏金喷灌排设备有限公司结合我国国情，联合我国喷灌装备主要研究单位江苏大学，通过加大研发投入，攻克行业关键共性技术难题，摆脱了国内外局限于单级自吸喷灌泵的研究思路，有望开发出实现自吸启动功能的轻巧智慧型高效自循环多级自吸喷灌泵的结构形式，解决现有自吸喷灌泵自吸时间长，结构复杂，体积笨重、效率低等一系列问题，通过远程监控及智能控制功能实现满足灌溉实时需水的变转速变工况运行，并提高自吸喷灌泵的质量、工艺、制造和自动化水平，使我国的产品在国际市场上具有优势竞争力。研发的智慧灌溉轻巧型喷灌设备新产品，机组能耗低、灌水均匀度和扬程高、自吸时间短、智能化程度高、重量轻，满足节水灌溉和增产增效的迫切需求，符合国家智慧农业、智能灌溉的发展理念，产品属于国内外首创，技术含量高，竞争能力强，在轻小型灌溉领域具有独特优势，核心技术拥有自主知识产权并已实施了知识产权保护。面对国外高端产品的激烈竞争，该项目产品性价比高，拥有价格优势。同时，产品的目标市场立足于国内节水灌溉领域，充分考虑国内种植的自然环境条件、气候条件以及购买农户的经济情况，拥有得天独厚的适应性优势。

研究开发内容主要是：研究多级自吸喷灌泵自循环机构，实现泵自吸启动功能在正反导叶的基础上，创新设计由气液分离室、外壳体、自吸盖板及气液混合室组成的自循环回路，研究具有高自吸性能及优良外特性的多级自吸泵的自吸装置。在自吸过程中，实现末级泵段的高压水经回水装置对首级泵腔进行自动补水，有效提高自吸喷灌泵的最大自吸高度并缩短自吸时间。

研究回流孔自动堵塞阀结构和自动关闭技术自吸喷灌泵在完成自吸过程中，泵体内压力不断变化，堵塞阀承载的单位面积的压差大于或小于堵塞阀的设计压力值时，都将影响堵塞阀的自动开启或关闭。因此，需要通过研究堵塞阀的轴向压缩量和结构力学性能揭示自动关闭机理，在优化自吸高度和缩短自吸时间的基础上有效提高自吸喷灌泵的效率。

研究关键几何因素对多级自吸喷灌泵自吸性能的影响，基于灰色关联分析法研究出口宽度、回流孔面积、多级泵级数等几何参数对自吸性能的影响。重点研究回流孔面积和位置对自吸性能的影响，回流孔截面积小，回流液体不足以达到气液混合所需，影响自吸性能；回流孔截面积大，会减少最大自吸高度，降低泵效率和扬程。通过研究回流孔中心位置和面积与泵的流量、转速等主要性能参数之间的关系，寻找回流孔位置和面积的最佳值。

研究智慧灌溉轻巧型自循环多级自吸喷灌泵运行节能控制策略、智慧灌溉轻巧型多级自吸喷灌泵的工况点需要根据作物实时需水量和喷头的工作状态而发生变化，控制系统必须使水泵提供的流量和扬程满足这个变化规律。项目建立以变参数 PID 控制为核心算法的按需灌溉控制策略和优化模型，使系统达到能量的供需平衡和泵机的最佳匹配，实现节水节能的目的。

基于物联网的自吸喷灌泵智能控制系统与智能控制报警装置多级自吸喷灌泵系统的远程控制模型与运行机理密切相关，开发智能控制装置和专家系统，通过实时监测、采集农作物环境实现需水信息，由专家系统计算分析给出作物的精确灌溉时间和最佳灌水量，由智能控制系统根据指令通过 WEB 网页或手机端调节自吸喷灌泵转速和流量等，自动完成灌溉工作。研发智能控制报警装置，实现机组的自动停机和保护。

对症下药

针对以上问题和目标，项目主要包括设计、开发智慧灌溉轻巧型自循环多级自吸喷灌泵新型结构；智慧灌溉轻巧型自循环多级自吸喷灌泵回流孔自动堵塞阀结构设计和回流孔面积研究，提高系统效率，缩短自吸时间；按需灌溉的变参数自吸喷灌泵模型系统运行节能控制策略；基于物联网的自循环多级自吸喷灌泵智能控制系统和智能控制报警装置研究。

创新设计自循环回路，实现回流孔自动关闭，提出并建立自循环多级自吸喷灌泵技术，提高了自吸性能，缩短了自吸时间，提高了泵的效率，降低了运行成本。采用变频调速和变量调节技术建立按需灌溉的控制策略和优化模型，满足作物实时需水，提高了机组的适用性，实现了节水节能。建立基于物联网的自循环多级自吸喷灌泵智能控制系统和智能控制报警装置，把智慧农业理念和农业信息化技术融进现代农业喷灌，大幅提高水资源的有效利用率。

数果齐摘

技术指标方面，项目研制的智慧灌溉轻巧型自循环多级自吸喷灌泵系统，相比传统单级自吸喷灌泵提高了自吸性能，减低了能耗，改善了灌水均匀度，提高了机组的适应性，降低了成本，实现了精准高效灌溉。智慧灌溉轻巧型自循环多级自吸喷灌泵的效率提高 3% ~ 5%；自吸时间在国家标准基础上缩短 5% ~ 10%；根据作物需水量，自动实施多级自吸喷灌泵机组变频变工况调速运行。

经济指标方面，联合共建中试基地、生产基地，促进本项目成果的转化与产业化。项目实施期内，完成智慧灌溉轻巧型自循环多级自吸喷灌泵结构和控制技术研究，形成自循环多级自吸喷灌泵样机。项目完成并产业化后，预期年生产能力 2000 套，年产值 1600 万元。同时，新产品开发所形成的行业知名度和影响力，也必将给企业带来更为丰厚的利润。

经济、社会效益方面，项目研发具有自主知识产权的智慧灌溉轻巧型喷灌设备新产品，机组能耗低、灌水均匀度和扬程高、自吸时间短、智能化程度高、重量轻，提高了智能节水设备国产化水平，为传统喷灌泵系统的升级换代产品，有利于抢占国内外高端市场，增强国际竞争力。随着节约型社会建设的不断深入和信息化技术的不断发展，智慧灌溉轻巧型喷灌泵需求量巨大，具有广阔的推广应用前景和显著的社会经济效益。同时，智慧灌溉轻巧型自循环多级自吸喷灌泵可以广泛应用于喷灌及排涝场地，对促进新农村建设和节能减排也有着重要意义。

项目产品的单级平均功率按 200W 计算，喷灌泵系统年平均使用时间按 3000 小时计算，效率按提高 5% 计算，一台 8 级喷灌泵机组年平均节约 240 度电，按年使用 10000 台计算，一年约节约 240 万度电，每度电按 0.68 元计算，一年可为社会节约费用 163 万元。项目产品重量比原同类喷灌泵机组平均重量减轻 50% 以上，若按传统喷灌泵产品的平均重量 25 千克计算，一台多级喷灌泵机组约减少金属材料 15 千克，按 10000 台计算，一年可为企业节约铁 150 吨，每吨铸件成本按 4500 元/吨计算，一年可节约费用 67.5 万元。因此，该项目产品社会、经济效益显著。

【高校】江苏大学是一所办学历史悠久的省属全国重点大学，是全国首批具有博士、硕士、工程硕士、学士学位授予权的高校之一，综合实力位居国内高校百强之列。学校学科门类齐全，结构合理，设有 26 个学院，87 个本科专业。拥有 11 个博士后科研流动站，9 个博士学位授权一级学科，42 个博士学位授权点，35 个硕士学位授权一级学科，170 个硕士学位授权点，2 个国家重点学科，1 个国家重点（培育）学科，3 个江苏高校优势学科，4 个江苏省"十二五"一级学科重点学科，2 个江苏省"十二五"一级学科重点（培育）学科，7 个硕士专业学位类别，26 个工程硕士授权领域。工程学、材料科学、临床医学和化学等五个学科进入 ESI 排名全球前 1%。

校企协同　共建创新平台^①

——常州市科技咨询服务中心

【机构】常州市半导体产业创新联盟。为了能够充分发挥常州半导体照明产业基础能力较强的优势，加快制定常州半导体照明行业的发展规划，指导常州半导体照明行业的有序发展，加强信息共享、资源整合，提高企业的信誉度和竞争力，由光宝科技（常州）有限公司、常州电子研究所有限公司、伟志电子（常州）有限公司、江苏思瑞照明科技有限公司、常州丸张光电科技有限公司、常州晟扬立德信息科技有限公司、常州天禄光电科技有限公司、常州市新祺晟高分子科技有限公司八家单位共同发起，经常州市科技局批准成立"常州市半导体照明产业技术创新联盟"（以下简称 LED 联盟）。

LED 联盟的宗旨是：按照国家的宪法、法律、法规和政策开展本行业的各项活动；竭诚为会员单位提供优质服务，维护行业、会员的合法利益和共同的经济利益；促进会员企业之间的诚信合作，积极促进行业内各类资源的有效整合，充分发挥龙头骨干企业的带动辐射作用；创建维护市场秩序和公平竞争；成为沟通行业与政府、行业与社会公众之间的桥梁，提升常州市半导体照明在国内外的影响力和覆盖面，提高其核心竞争力，促进常州市的半导体照明产业更加健康、有序发展。目前，"LED 联盟"现有 43 家成员单位，其中科研院所 4 家，企事业单位 39 家。

政、行、企、校多联共建

近年来，常州轻工职业技术学院高度重视科技协同创新工作，积极引导教师

---

① 本案例图片来源于常州科技局。

重点关注国家战略性新兴产业，主动适应地方经济社会发展，面向行业区域产业的转型升级和战略性新兴产业培育发展的需求，与企业和科研院所共建了一系列战略新兴产业协同创新平台。

与常州市科技咨询服务中心（常州市半导体产业创新联盟）联合共建了"常州市半导体照明（LED）产业公共技术服务中心"；与常州数控技术研究所共建了"常州数控智能装备产业公共技术服务平台"；与常州先进制造研究所共建了"常州市机器人与智能装备中小企业公共技术服务平台"；与武进高新技术创业服务中心联合共建了"常州现代制造业 CAE 工程仿真技术服务中心"；成为"江苏省三维打印产业技术创新战略联盟"会员单位。

协同创新中心由政行企校多方联合共建，通过优势互补，强强联合，资源共享。发挥政府的引导、统筹、管理、督促作用，利用高校的人才培养机制、专业优势、人才优势，利用企业的装备、技术、信息优势，发挥行业指导作用，通过资源整合与优化，集聚校企优质资源，聚焦战略新兴产业的发展需求，以突破关键共性技术和科技成果转化为重点，构建"研发设计—分析测试—高技能人才培养—知识产权服务—科技成果转化"等一体化的协同创新平台，为区域战略新兴产业提供强有力的技术支撑。

协同创新中心深入实施创新驱动战略，以创新链驱动产业链，以产业链带动创新链，积极探索政行企校产学研结合的协同创新模式，通过体制机制创新、创新能力建设和政策项目引导，与政府、行业企业和科研院所开展紧密的产学研合作，建立有利于促进创新要素向新兴产业聚集的合作机制和组织模式，促进科技、教育和产业发展的深度融合，以高水平的科学研究和产业化能力引领和支撑行业区域经济发展方式的转变，促进新兴产业的培育和发展，共同支撑科技、教育与经济的紧密合作。构建了行之有效的协同创新组织管理体系，彰显了资源融合共享的整体优势，实现了"专业与产业、平台与基地、人才与企业"的无缝对接。实现了"政府主导、行业指导、校企主体、资源共享"多方共建、共享、共赢的创新模式。

创新平台结硕果

完成科技部"面向中小企业的数字化设计与制造科技创新公共服务平台"

和"常州市数字化设计与制造高技能人才培训基地"两大平台项目（见图1）。

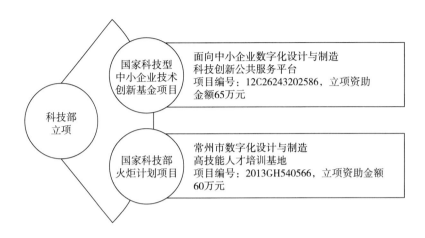

图1　两大平台项目

一是与常州市科技咨询服务中心（常州市半导体产业创新联盟）联合共建了"常州市半导体照明（LED）产业公共技术服务中心"（见图2）。

图2　常州市半导体照明（LED）产业公共技术服务中心立项证书

二是与常州数控技术研究所联合共建了"常州数控智能装备产业公共技术服务平台"，该平台完成国家科技部两项科技型中小企业技术创新基金（见图3）。

图3　常州数控智能装备产业公共技术服务平台立项证书

三是与常州先进制造研究所联合共建了"江苏省机器人与智能装备中小企业公共技术服务平台"。该平台完成国家科技部两项科技型中小企业技术创新基金（见图4）。

图4　江苏省机器人与智能装备中小企业公共技术服务平台立项证书

四是与武进高新技术创业服务中心联合共建了"常州现代制造业 CAE 工程仿真技术服务中心"。该中心获得并完成国家科技部火炬计划项目1项（见图5）。

五是与常州先进制造研究所联合共建了"常州智能装备产业集群科技创新服务中心"。该中心获得并完成国家科技部火炬计划项目1项（见图6）。

图 5　常州现代制造业 CAE 工程仿真技术服务中心立项证书

图 6　常州智能装备产业集群科技创新服务中心立项证书

创芯源：高等职业教育产学研合作经典案例（一）

六是常州工业职业技术学院先后两次获得国家科技部"面向中小企业的数字化设计与制造科技创新公共服务平台"和"常州市数字化设计与制造高技能人才培训基地"项目的建设（见图7）。

图7　面向中小企业的数字化设计与制造科技创新公共服务平台、基地立项证书

【高校】常州工业职业技术学院，前身为常州轻工职业技术学院，是江苏省教育厅主管的公办全日制普通高等学校，是江苏省示范性高职院校。学校地处长江之南、太湖之滨——常州，毗邻人文荟萃的春秋淹城，坐落在集教学、科研、培训、职业技能鉴定和社会服务于一体的常州高等职业教育园区内。学院始建于1958年，已有60余年办学历史。学校多次被省教育厅授予"江苏省职业技能大赛先进单位"荣誉称号；2019年学校入选"育人成效50强"和"国际影响力50强"。学校学生共获全国职业院校技能大赛一等奖15项、二等奖13项、三等奖7项，在"挑战杯"全国竞赛江苏省决赛中获特等奖1项、二等奖6项、三等奖7项；2019年获得世界机器人大赛一等奖、二等奖、三等奖各1项。

互利互信　携手共进

——中德环境工程研究所、江苏金埠环境科技有限公司

【公司】江苏金埠环境科技有限公司成立于2016年9月，专业从事反渗透膜清洗、各类水处理药剂的研发和推广应用。核心业务包括反渗透和超滤膜元件的清洗及运维技术服务、水处理药剂销售、国内外各大品牌膜元件代理等。公司本着高技术、高起点发展的原则，在成立之初即与江苏理工学院、常州大学、德国梅泽堡应用技术大学等多所大学建立了良好的产学研合作关系。在成立不到两年的时间内，先后取得多项产学研合作成果：获得2017年常州市"龙城英才计划"第九批领军人才项目支持；成为江苏省民营科技企业；与江苏理工学院、德国梅泽堡应用技术大学共建"中德环境工程研究所"；与德国高校、企业达成共同开发废气处理设备技术协议。公司将以现有平台为基础，通过产学研合作及国外先进环保技术引进等方式在短期内将公司建成为集产品研发、销售以及现场技术服务和工程安装为一体的涉及水、气、固多领域的专业技术服务公司。

共建中德环境工程研究所

中德环境工程研究所是产学研合作、国际合作结合的成功的、典型的成果。任何一个成功的合作都需要坚实的基础，长期的国际友谊和深厚的师生情谊是中德环境工程研究所合作的基础。三方、国际、产学研合作是本合作项目的特点。

江苏理工学院与梅泽堡应用技术大学自2004年起开展合作办学，其中包括环境工程专业。鉴于中国最近几年不断加大环保投入力度、严格执行环保政策，

德国高校和企业对中国环境保护前景看好，因此在双方学校本科合作办学的基础上开展科研合作，并进而实现将德国环保技术引进中国的想法。

首先，支持建设江苏金埠环境科技有限公司。介绍常州地区相关专业的教授入股该公司，为公司提供技术支持，协助公司申报常州市"龙城英才"领军人才项目，促成公司与江苏理工学院、梅泽堡应用技术大学三方达成共建研究所协议，为公司争取科技项目支持、申报专利，申报省民营科技企业，筹划申报高新技术企业等。

其次，联系梅泽堡应用科技大学的 Heinz 教授协商共建研究所事宜。具体包括起草、翻译协议、组织签订协议、考察德国企业，制订研究所建设计划、合作模式，申报常州市国际科技合作项目，撰写商业计划书寻找建设资金等。

在三方的共同努力下，中德环境工程研究所协议与 2017 年 7 月初签，11 月正式签订。研究所已经在江苏理工学院开始建设，公司通过横向项目合作、学生实习、协助项目申报等方式参与研究所的建设；梅泽堡应用技术大学通过合作研究、参与项目申报、牵线德国企业等方式参与研究所建设；江苏理工学院则提供人财物全面支持。

梅泽堡和德国企业参与方式

德方高校和企业对与中国合作都有比较大的兴趣，但关注点不同，期望也不同。另外由于距离、时差的问题，以及工作中沟通方式的不同（德国人一般用邮件，反应比较慢）等也拖慢了工作进度。值得强调的是，尽管德方反应慢，但工作中执着、认真的态度值得我们学习。

梅泽堡应用技术大学关注的是如何参与的问题，是否需要资金投入和投入方式、额度的问题。通过多次邮件讨论和人员交流考察才确定了具体细节。两校之间每年互派教师访学，互派研究生实习、助学、助研，合作开展课题研究，共同解决德国技术适应中国市场的问题，德方教师为金埠环境牵线德国企业，提供技术信息、促进技术转移、合资等。

德方企业关注的是中国市场的问题、投资方式及可能的收益等问题。为此，德方企业将在近期完成基本调研后来中国考察，以决定投资方式、技术合作方式。在此之前将就中德双方都关注的环保技术开展合作研究，并将在人员、技术和研究资金等方面都有所投入。

　　从始至终，金埠环境都对三方合作及德国技术引进非常关注，但由于自身资金的问题和当前合作主要决定权的问题只能尽最大努力推进合作的进展，并做好当前业务和储备技术人才，以便合作工作加速的时候能得以全面参与。

合作经验及效益

　　开展产学研合作对合作的各方都有明显的效益，上升到国际合作则更是能拓展合作各方的视野，为各方创造各种机会，本项目在合作各方相互信任、利益相对平衡的基础上，技术的水平、市场的潜力都得到了提升，合作各方均有较大的收获。

　　金埠环境通过本项目合作不仅获得了技术支持（龙城英才、委托开发）、人才资源（实习生），还提高了企业声誉、拓展了国际视野，为企业的长远发展奠定了基础。

　　江苏理工学院在研究经费、实习基地、学生就业、国际合作方面取得了直接的成绩，潜在的收益则是本校教师国际视野的提升、应用研究水平的提升和国际合作办学层次的提升。

　　德国学校除了将国际合作办学进一步拓展外，还可通过将德国企业的技术引入中国而提升该校的社会影响，推进其国内的校企合作，进而提升其整体声誉。

　　德国企业则通过支持本项目了解了中国国情，为其技术进入中国市场而奠定基础。

　　总之，只要合作能开展下去，参与的各方都必然各有收获。相信通过各方的努力，未来研究所的建设必然会取得更大的成绩。

　　【高校】江苏理工学院是教育部本科教学工作水平评估优秀单位、"服务国家特殊需求人才培养项目"硕士专业学位研究生培养试点单位、全国首批职教师资培训重点建设基地和江苏省首批决策咨询研究基地。设有化学与环境工程学院、机械工程学院、教育学院等21个教学科研单位，开设58个本科专业，在环境工程、机械工程两个领域招收硕士专业学位研究生。

　　江苏理工学院化学与环境工程学院设有环境工程、环境科学、应用化学、化学工程与工艺、资源循环科学与工程五个本科专业，并培养环境工程专业硕士。其中环境工程专业通过学校国际教育学院与德国梅泽堡应用技术大学联合办学，通过 14 年的合作，已联合培养了 150 余名获得双方学位的本科生。

通过多学科交叉与融合，学院现已形成了环境科学与工程、化学工程与技术两个重点学科。其中环境科学与工程学科下设五个方向：分别是资源循环科学与工程、大气污染控制科学与工程、环境修复与生物能源、环境功能材料及其应用、工业废水处理与环境管理。近五年来，学院共承担联合国开发计划署科研项目、国家科技支撑计划重大项目、国家自然科学基金项目及江苏省科技厅科研项目等各类纵向项目 40 余项，研究经费 3000 余万元，各类横向项目 40 余项，科研经费约 2000 万元。

【高校】德国梅泽堡应用技术大学是东德境内一所著名的理工类高等学府，是萨克森·安哈尔特州重点应用科技类高校，尤其是在化学与环境工程领域，在东德境内更是首屈一指。梅泽堡应用技术大学拥有德国一流的实验室，作为萨克森·安哈尔特州的重点实验室，州政府每年拨款 4500 万欧元的经费，用于该校机电实验室和化学实验室的扩建和发展。巨大的资金投入也使梅泽堡应用技术大学的工业实验室在机电一体化、化学和环境工程、电子计算机和网络传媒等领域取得了巨大的突破与发展，一直保持在该州的领先水平，并成为萨克森·安哈尔特州最重要的科研中心。

年产 30 万台套新能源热水器内胆自动化生产①

——观能多能源（江苏）有限公司

【公司】观能多能源（江苏）有限公司（GMG），2013 年 10 月 18 日成立，专注为全球客户提供商用中央热水系统技术与解决方案，专业从事室外型燃气热水器、商用燃气热水系统、商用电热水器等研发设计和生产制造。在过去的 30 年，世界能源技术在飞速发展，GMG 也在与时俱进，应现代化生活品质的需求，GMG 打破传统的不关注用户体验、只重节能的发展观念，转变为以舒适为先、最大化节能贡献率的战略理念，为客户提供全天候 24 小时不间断的热水。GMG 始终以创新的技术、顶尖的人才、卓越的解决方案和产品，坚持不懈地对生活的发展提供全面支持，并以出众的品质、领先的技术、不懈追求，获得了良好的市场口碑。

建设数字化智能工厂

以建设数字化智能工厂为目标，年产 30 万台套新能源热水器内胆自动化生产线系统集机器人拉伸冲压生产线、喷淋式前处理清洗线、内胆焊接生产线、内胆整形生产线、喷砂生产线、涂搪生产线、烘干烧结生产线于一体，同时建设包含管理层、网络层通信层、执行层三层网络结构的制造执行系统，在满足内胆产品全工艺流程自动化生产的同时，实现了营销管理、成本管理、物资管理、生产计划管理、设备管理、质量管理等任务，进而优化了企业生产制造的管理模式，强化了过程管理与控制，并达到了精细化生产及管理的目的。

---

① 本案例图片来源于观能多能源（江苏）有限公司。

近年来，国内外热水器行业均保持着较快的发展势头，目前我国城市居民家用热水器拥有率达 72%，尚未达到饱和状态。据研究资料显示，在未来几年内，全球低碳家电热水器的市场份额将以每年 1000 亿元人民币的速度递增，然而，由于传统生产方式效率低下，以及国内人工红利的逐渐消失，热水器生产技术的提升成为整个行业的发展瓶颈。热水器制造的核心为内胆制造，观能多能源（江苏）有限公司专业从事热水器内胆生产，其整个制造过程包含了内胆拉伸冲压、清洗、焊接、喷砂、搪瓷、烘干、烧结等工序，每道工序均有较高的技术要求，在产品质量的均一性及生产效率上均不能满足当前生产需求，同时人工生产模式造成大量的材料浪费，且人工成本逐年增长，使企业利润值逐年萎缩。基于此，观能多能源（江苏）有限公司委托常州先进制造技术研究所对年产 30 万台套新能源热水器内胆自动化生产线系统进行开发及建设，该系统实现了机器人拉伸冲压、喷淋式前处理清晰、内胆焊接、内胆整形、喷砂、涂搪、烘干、烧结等工艺的全流程自动化生产，并通过建设智能制造执行系统，同时实现了营销管理、成本管理、物资管理、生产计划管理、设备管理、质量管理等任务，优化了企业生产制造的管理模式，强化了产品质量及生产效率，降低了生产成本，进而提升企业产品的品牌竞争力具有重要的意义。

该项目由观能多能源（江苏）有限公司委托常州先进制造技术研究所开发，以实现内胆数字化智能生产为目标，通过综合利用机器人系统集成技术、集散控制技术、信息通信技术等，分别建设了机器人拉伸冲压生产线、喷淋式前处理清洗线、内胆焊接生产线、内胆整形生产线、喷砂生产线、涂搪生产线、烘干烧结生产线并对各生产线进行有机集成，实现了热水器内胆的全工艺流程自动化生产（见图1~图4）。

图1 拉伸冲压生产线

图 2 喷淋式清洗线

图 3 内胆焊接生产线

图 4 搪瓷烧结生产线

同时针对企业技术及管理特点，研发了高性能内胆智能制造执行系统（见图5），该系统包括三层网络结构，即管理层、网络通信层、系统执行层，在实现营销管理、成本管理、物资管理、生产计划管理、设备管理、质量管理等任务的同时，能够及时准备将管理层指令下达至系统执行层，有效地指导工厂的生产运作过程，提高了工厂及时交货能力、改善物流的流通性能，提高了生产回报率。该系统还可对产品的工艺流程、生产参数，以及设备运行状态、产品缺陷类别等进行实时追踪，并将各种信息清单以报告形式展现，达到精细化生产管理。

图5 制造执行系统监控软件

应 用 成 效

目前，该项目已完成建设并在企业投入运行，全面实现了热水器内胆生产过程中的拉伸冲压、清洗、焊接、整形、喷砂、搪瓷、烘干、烧结一系列自动化生产，在同行业中提升了自身的技术优势，同时也吸引了同行业的高度关注，在热水器内胆生产行业起到了示范作用。该系统的投入使用，为观能多能源（江苏）有限公司赢得了众多国内外客户，提升了企业产品的品牌知名度。该系统使用后，预计热水器内胆生产能力将由原来的 20 万台套/年增加至 30 万台套/年，减少人工 70%，实现年增产值达 1.5 亿元。

常州先进制造技术研究所，通过本项目的实施，建立了一支由机电一体化装备研发与系统集成、MES 软件开发、机器人生产线系统仿真、智能传感与检测、多协议通信网络等专业技术人员组成的研发团队，为后续数字化智能工厂的研发奠定了技术基础。本项目的成功实施，也将在相关制造行业进行示范推广，为江苏省制造业的转型升级提供技术支撑。

合作亮点

随着德国"工业 4.0"的提出，制造业智能化生产已成为企业转型升级的必然趋势。该项目从改造传统生产及管理模式并提高企业竞争力的目标出发，优先实现了热水器内胆数字化智能生产，优化了企业生产制造管理模式，强化了生产过程管理和控制，实现了精细化管理的目的，在同行业及相关制造业中具有典型的示范及带头作用。同时，该项目也将在船舶零部件制造业、液体容器制造企业、汽车零部件制造企业开展应用推广，目前已与南京国际船舶设备配件有限公司、江苏新天宝机械有限公司达成合作意向。

【研究所】中国科学院合肥物质科学研究院先进制造技术研究所（以下简称先进制造所）是中国科学院合肥物质科学研究院（以下简称合肥研究院）下属的研究单位之一，坐落在风景秀丽的常州科教城，学科方向为机器人与智能装备。2007 年 1 月，合肥研究院与常州市科教城共建的"常州机械电子工程研究所"成立，2010 年 1 月 10 日合肥研究院和常州市政府签署协议共建"中国科学院合肥物质科学研究院先进制造技术研究所"。先进制造所是以常州机械电子工程研究所为基础，与原中国科学院合肥智能机械研究所智能车辆技术中心和常州现代设计与制造中心合并而成，并注册为常州市事业法人"常州先进制造技术研究所"。研究所于 2014 年 1 月加盟江苏省产业技术研究院，名称为机器人与智能装备技术研究所，为首批加盟的单位之一。研究所为江苏省机器人与智能装备产业技术创新战略联盟理事长单位。

先进制造所设有机器视觉、运动控制、机电工程、机构设计、智能材料、精密制造六个专业实验室，并成立了综合管理办公室、科研项目办公室（含战略研究中心）、技术转移办公室等职能部门。建立了智能机器人、智能装备两个研究中心，为装备制造业的自主创新提供技术支撑。主要研究方向包括：机器人技术（仿生机器人、服务机器人、工业机器人等）；智能装备技术（创新设计、精密制造、智能材料、系统集成等）。

先进制造所有研发人员近 280 名，其中引进千人/百人各 1 人；拥有研究员 15 名，副高 19 名，博/硕士 97 名；聘请 4 名院士作为所长顾问，50% 以上员工拥有博士、硕士学位。形成了一只以特聘院士、专职研究员作为学术带头人，以博士、硕士作为研究核心骨干，以高技能人才作为重要支撑，以博士后与高级访问学者作为补充的创新研发团队。

研究所共承担了"973 计划""863 计划"，国家自然基金，省级、市级等科技计划项目 180 项，企业委托项目 190 项，结题 199 个项目，其中企业委托项目结题 123 个。研究所累计共申请专利 404 项，其中发明专利 289 项，授权专利 177 项，27 项软件著作权获授权登记。在承接和完成国家课题任务同时，注重科技成果的转化与产业化，将科学技术转化为现实生产力。研究所共衍生企业 3 家、孵化企业 7 家，总注册资本 10625.6 万元。

第五篇 孵化创新创业

载体助力　技术助推

——江苏中航锂电技术研究院有限公司

【公司】江苏中航锂电技术研究院有限公司（以下简称中航锂电）是一家专业从事锂离子动力电池关键技术和先进材料研发应用的新能源高科技平台机构。研究院现拥有专职技术研发人员 450 余名，其中硕博高层次人才 220 余名。建有研究基地，内设电池、电源、材料、先进制造、仿真研究、测试 6 个研发平台以及 20 多个实验室，先后承接行业前沿关键技术的科研委托开发任务 10 余项。拥有国内外高端动力电池中试线的标杆的金属壳线、软包线及 L120 化成专线等智能化生产线，具备 3 亿瓦时的中试能力，主要承担动力锂电池 L221、L148、P99、L120 等系列产品的研发与试制业务。

深化产学研合作

中航锂电秉承"航空报国，强军富民"的宗旨，依托中国航空工业集团雄厚实力和常州市新能源产业集群发展两大核心优势，着眼全球锂电池前沿技术，研发具有国际竞争力的新技术、新产品和新工艺装备，服务中航，服务江苏。

中航锂电设有发展咨询委员会和技术专家委员会，积极深化产学研用协同创新体系，与厦门大学、南京航空航天大学、江苏大学、常州大学等 10 余家知名高校尝试搭建产学研合作关系，联合开展科研攻关与先进产品开发，加快推进研究成果的转移转化，助推"强富美高"新江苏。

中航锂电与厦门大学产学研合作创新模式，其实中航锂电与厦门大学早在2014 年就已有过产学研合作关系，而本次中航锂电与厦门大学就"2017 年江苏省重点研发计划（产业前瞻与共性关键技术）——汽车 48V 系统用超低温高比功率锂离子电池研发"开展深度产学研合作。

拥有 15 年以上锂电池领域领军企业管理与技术经验研究院副院长于申军博士与长期从事锂离子电池研究及研发管理工作的厦门大学能源学院赵金保教授（赵教授是国家科技部"863 计划"先进能源领域主题专家、国家特聘专家，同时也是新能源汽车动力电源技术国家地方联合工程实验室主任、福建省新能源汽车动力电池及储能关键材料工程实验室主任）针对本次产学研合作内容、模式等进行了深度探讨和创新，最终确定了"人员互聘、平台搭建、资源共享、技术论证、人才培育"的"五合一"合作模式。通过合作双方互聘高端人才任教（任职）、搭建项目工作室（团队工作站）、互通双方设备与人才等资源、实施技术路线及工艺专项研讨、针对性培育专业方向人才等途径，有效推动了产学研项目的有序推进。

汽车 48V 系统用超低温高比功率锂离子电池研发项目是依托研究院研发团队及其在锂电池技术上的积累的经验，联合厦门大学能源学院赵金保教授锂离子电池研究团队而开展的科研计划项目，旨在解决传统锂离子电池产品低温性能差、比功率不高等限制汽车 48V 系统产业化应用的关键问题，形成一批具有前瞻性、原创性、标志性的超低温高比功率锂离子电池技术创新成果，带动汽车启停技术的全面革新，引领电动汽车 48V 系统的产业化发展与普及，为推动江苏省成为全球产业链、创新链、价值链重要环节提供有力支撑。

在本次产学研合作项目中，双方更加注重应用研究、集成创新和技术交叉融合，通过积极对接、友好合作，组织一次次专项研讨，有针对性地解决了项目执行过程遇到的技术及工艺问题、平台搭建问题、设备购置问题、人才培育问题等。该项目不仅可以有效拓宽 48V 启停电源的应用市场，而且推动电动汽车行业新一轮的技术升级，预计到 2020 年市场规模将达到 200 亿元，后续该市场还将持续快速增长，经济效益将是不可估量的。

瞄准问题　充分调研

汽车 48V 系统是弱混合电动汽车（MHEV）技术的一种优质解决方案。该系统可借助高效的能量回收、加速助力、电动爬行等功能，可实现高达 20% 的节油率，是目前业界公认的最佳汽车节油方案。而目前48V系统的核心电池部件以铅酸电池为主，但铅酸电池受自身环境污染大、能量密度低、循环寿命短等固有缺陷制约，导致48V系统的诸多优势难以有效发挥。

厦门大学依托自身学术与科研优势，充分调研了超低温高比功率锂电池技术与正负极材料的前沿学术期刊，形成了极具参考价值的调查报告；同时，研究院依托自身在行业的影响力积极与德国大陆、上海大众等世界著名车企开展了专项对接，深入了解了48V系统研制过程中的难题和解决办法。双方前期的充分调研为产学研合作攻坚克难奠定了坚实的基础。

构建"五合一"

秉持"长期合作、互惠互利、共建共享、协同创新"的合作理念，率先尝试"人员互聘、平台搭建、资源共享、技术论证、人才培育"的"五合一"产学研全流程合作模式。

一直以来，中航锂电与科研高校的合作都是项目、人才、平台等点对点的合作，这样的合作具有深入度不足、有效性不全面、长期性无保证等缺点。此次产学研合作首先通过互聘合作双方的高端人才到公司任职、到高校任教的方式，初步搭建了专业人才的培养途径，同时也增加了校企对对方研究团队或人才的层次更深入的了解。在此基础上，双方共建研究生工作站，使企业技术人员与学术研究人员有了深度对接的平台，既能够让行业学术前的研究成果在行业得以试验，又能够弥补学术研究人员的研究成果在实际应用中的磨合与灵活应用。继而针对此次项目设立项目工作室，成立项目领导小组，制订项目计划，并根据项目计划中的攻关点合理分配双方专业性人才的科研工作，定时开展项目攻关技术路线及工艺专项研讨和进展情况汇报。为了更好地推进本项目的执行及后续研究的推进，双方有针对性培育专业方向人才，深度融合项目合作、平台搭建、人才培育等各个环节的产学研合作。

拓展合作领域　双方收益丰硕

为了破解铅酸电池自身环境污染大、能量密度低、循环寿命短等固有缺陷对 48V 系统的制约这一关键技术瓶颈，中航锂电与厦门大学率先尝试"人员互聘、平台搭建、资源共享、技术论证、人才培育"的"五合一"产学研全流程合作模式。有效破解了科研与产业"两张皮"的问题、人才培养渠道难的问题、前沿技术攻关乏力的问题、校企合作短暂性不够深入的问题，有力地推动了校企在技术合作、人才培育、前沿技术攻关等多个方面的融合发展。

通过此次项目的有效合作，双方深入了解了对方在人才、技术、平台、设备、资源等方面的底蕴，并不时总结此次合作中的经验，相继开展了其他多个项目领域的合作，都取得了丰硕的成果。如 2017 年双方联合申报了"江苏省重点研发计划（产业前瞻与共性关键技术）"；协助申请了"江苏省创新能力建设计划"等科技项目；2018 年双方签订了《超低温高比功率锂电池负极材料的技术调查》的技术服务合同，形成了一种基础研究与技术创新、科学研究与产业化互为支撑、同步发展、良性循环的产学研协同创新新模式。

媒体聚焦合作模式

《中华人民共和国促进科技成果转化法》《江苏省促进科技成果转移转化行动方案》《关于促进科技与产业融合加快科技成果转化的实施方案》等政策为产学研模式指明了方向，提供了法律和政策保障，对产学研模式创新和突破起到极大的推进作用。同时，金坛区人民政府、金坛经济开发区管委会及各委办局对研究院的产学研工作推进给出了指导意见，并给予了大力支持。截至 2018 年 9 月，《常州日报》《金坛山水网》等多家媒体争相对研究院的产学研合作成果进行报道，受到了社会的广泛关注，通过产学研合作创新模式的示范效应，提升了产学研合作的成效。

【高校】厦门大学是学科门类齐全、师资力量雄厚、国内一流且国际知名的综合性大学，也是国家"211工程"和"985工程"重点建设的高水平大学。拥有一级学科国家重点学科5个、二级学科国家重点学科9个、博士后流动站31个、博士学位授权一级学科33个、硕士学位授权一级学科52个、国家级协同创新中心2个、国家重点实验室4个、国家工程技术研究中心1个、国家工程实验室1个、国家地方联合工程研究中心1个、国家地方联合工程实验室3个。2017年，化学等5个学科入选世界一流学科建设名单。

质量第一　放心第一

——常州兰陵制药有限公司

【公司】常州兰陵制药有限公司，是一家集化学合成原料药、小容量注射剂、胶囊剂、片剂、颗粒剂等多种制剂生产于一体的综合性制药企业。是江苏省医药行业的骨干企业、国家级高新技术企业。公司系香港嘉傲有限公司全额投资的外资企业，坐落于常州市东南经济开发区，公司占地面积74000平方米，现代化厂房面积近40000平方米。公司拥有国内一流的制药生产设备，兼具完备的质量保证体系。目前，公司全部剂型均已通过了国家2010版GMP认证。

独树一帜

该公司建有独立的技术研究中心，中心承担了该公司所有新产品的开发、研制及工业化试验。研究中心拥有实验大楼，主要有化学合成实验室和工程放大实验室。实验室内已经引进旋转蒸发器、烘干机、全自动通风柜、10L玻璃反应釜、生物安全柜、低温控制装置等先进实验仪器和设备。另外有独立的通风房用于公斤级放大实验，形成实验能力从克级到公斤级规模的柔性实验生产装置。该公司建有独立的分析测试中心，拥有HPLC、IR、GC等国际先进的检测仪器设备。分析检测中心具有全套的药品及原料要检测设备，可以为新药研发提供全程跟踪检查和符合药品开发的质量监控。

合作研发有甜头

常州兰陵制药有限公司是江苏具有传统发酵优势的制药企业。20 世纪 80 年代发酵生产的麦白霉素在国内具有较高的知名度，90 年代投产的发酵新厂区主要生产林可霉素，在国内的非典型抗生素领域具有一席之地；利用发酵生产生物农药"荧光假单胞杆菌"是兰陵制药的又一特色。药物合成技术力量也很雄厚，自 1992 年开始，先后研制成功新药氟康唑、洛美沙星、枸橼酸铋雷尼替丁、左氧氟沙星、克林霉素磷酸酯。

2012 年起，该公司与上海医药工业研究院签订了产学研合作协议书，共建"药物研发联合实验室"，新建一条生物发酵高端中试生产线，辅以高端的提取分离、半合成设备，打造专业化、特色化平台。2013 年建设常州市"发酵 – 半合成"药物工程技术研究中心。加强自身的研发实力，规范提升团队的职业素养和凝聚力、竞争力。

2013 ~ 2016 年三年建设期内，在此平台上研究开发新型大环内酯类药物项目，包括 RAPA、MS 的原料药及其制剂，形成新产品、新技术 6 项，实现科技成果产业化 1 ~ 2 项，申请发明专利 3 项以上，培养高层次相关技术人员，形成一支集科研设计、试验检测和技术开发管理于一体的队伍，建成一个开放共享的发酵半合成技术研究开发平台。

2016 年获得常州市科技计划项目验收"发酵 – 半合成"药物工程技术中心，证书编号：常科验字〔2016〕第 4622 号。同年验收的还有常州市科技计划项目（科技支撑计划 – 社会发展）——"抗肿瘤新药依维莫司原料药及制剂的研制"（证书编号：常科验字〔2016〕第 4637 号）。

近年来，兰陵制药申请及授权的专利共 24 个，其中有效发明专利有 9 个，进入实质审查的发明专利有 14 个。企业每年直接研发投入均超过销售收入的 4%，具有良好的科技、资金、项目管理能力和经验，能够保证项目的顺利实施。

遥遥领先

"发酵－半合成"药物工程技术中心合作最典型的是 RAPA 及其衍生物 MS 的新药开发。RAPA 是一种新型大环内酯类免疫抑制药物。通过与相应免疫嗜素 RMBP 结合抑制细胞周期 G0 期和 G1 期，阻断 G1 进入 S 期而发挥作用，其效应为：抑制 T 和 B 细胞增殖；抑制 IL－1、IL－2、IL－6 和 IFN－γ 诱导的淋巴细胞增殖；抑制 IgG 和供者特异性抗体（细胞毒抗体）产生；抑制单核细胞增殖。可用于抗移植排斥反应和治疗类风湿性关节炎、红斑狼疮等自身免疫病。MS 是 RAPA 的衍生物，临床上主要用来预防肾移植和心脏移植手术后的排斥反应。其作用机制主要包括免疫抑制作用、抗肿瘤作用、抗病毒作用、血管保护作用。常与环孢素等其他免疫抑制剂联合使用以降低毒性。该项目从发酵开始，通过发酵提取纯化得到产物，再通过化学合成，得到最终需要的产物。RAPA 及其衍生物 MS 是新型免疫抑制剂、新型抗肿瘤药物，是一种多用途药物，相信随着我国原料药生产技术的不断改进和产量的提高，RAPA 及其衍生物 MS 将有望成为国内一高速增长的品种，其市场发展空间十分巨大。

在项目开发阶段，该公司研发人员与医工院各自发挥自身特长，共同为一个目标努力。设备经过讨论，建立了新的"发酵－半合成"中试车间，配备有完善的技术开发设备，拥有智能发酵生产设备、制备液相色谱仪、生化培养箱、超低温冰箱、生物传感分析仪、防爆旋转蒸发器、防爆冷热一体循环机、防爆尾气吸收器、卧式离心薄膜蒸发器、高效液相色谱仪、气相色谱仪等专业仪器设备119 台套。

经过了几年研究，该项目发酵工艺研究采用目前最先进的方法，除进行常规的单因素、多元分析和正交实验方法外，采用响应面设计方法和代谢流分析方法进行培养基组成、培养条件的综合优化与筛选。从 10L 发酵罐放大到 3000L 规模发酵罐，发酵液中杂质组分减少20%以上，发酵水平提高50%以上，RAPA 的发酵水平达到 800mg/L。优化了提取纯化工艺，提高中间体 RAPA 的质量，含量达到95%以上。完成了 RAPA 发酵配方及工艺开发、优化、发酵小试、中试；建立了种子库、配料、消毒、中控（包括控制室、霉菌室、生化室），提取等工艺规程及检测指标。RAPA 衍生物 MS 的半合成工艺开发、优化、合成小试、中试；

对 MS 的相关杂质进行研究。通过优化 MS 合成路线，选择了合适的羟基保护剂，具有反应路线短、收率高 MS 的质量可以高于原研标准，并且操作简单、反应稳定、成本低廉，除了浓缩过程需要少量甲醇外，其余工艺步骤都不使用有机溶剂，较为绿色环保，降低了生产成本，适合工业化生产应用。

展望未来

多年来，本公司始终秉持"为人民生产放心药，为生命严把质量关"的质量方针，严格按照 GMP 要求组织生产和经营，坚持"质量第一、信誉第一"的原则，竭诚为国内外客户提供"兰陵牌"优质产品和优良服务。愿与国内外客商进行多种形式的合作。立志将兰陵制药打造成为制药领域的钻石级企业。

未来，兰陵制药将继续与市科技部门加强联系，及时获取制药行业最新的技术学术动态，与国内外高等院所积极开展卓有成效的产学研合作，切实提升科学技术研发水平，让更多的优秀人才来兰陵制药展现才能，创造更大的经济价值和社会价值。

【研发机构】上海医药工业研究院是我国医药行业的科研大院和技术创新基地，2000 年进入中央企业序列，先后隶属于中央企工委、国务院国资委。2010 年 4 月，根据国务院国资委"打造中央企业医药健康产业平台"的要求，原上海医药工业研究院与国药集团、中国生物技术集团重组形成新的"国药集团"。2010 年 12 月，经国药集团董事会研究决定，在上海医药工业研究院等单位的基础上，建立医工总院。主要从事创新药物及工艺的研发、药品生产、销售和药学领域研究生培养。

互惠共赢　一体发展

——江苏骏益科技创业园

【公司】江苏骏益科技创业园（以下简称科创园），在 2015 年 12 月成功创建为省级科技孵化器和省级众创空间，而后中心持续发力，积极开展多方面的协调工作，帮助骏益科创园在 2016 年成功申报国家级科技孵化器，经过专家的严格评审，在 2016 年 3 月 26 日，江苏骏益科技创业园被正式认定为国家级科技企业孵化器。江苏骏益科技创业园由江苏骏益科技创业园有限公司投资建设，是一个民营化的科技企业孵化器，位于溧阳市北郊埭头镇。

争当行业模范

自科创园成立以来，科创园的工作一直备受埭头镇政府的高度重视，同时也受到溧阳市委、市政府和常州市科技局、溧阳市科技局的高度关心和支持。诸多政策的颁布与实施，使科创园从企业创办、人才引进、扶持资金、融资担保、专利申请等诸多方面支持入孵企业，使企业在孵化初期就能以最低的成本、最少的精力、最快的速度实现研发成果的产业化。目前，科创园共入驻企业有 78 家。2013 年，在孵企业实现营业收入 1943.3 万元。2017 年 11 月园区入驻企业纳税销售达 3.5 亿元，预计全年达 4.2 亿元；纳税共计 1045 万元，预计全年达 1500 万元。孵化器的初步实践已为埭头镇推进高新技术产业化发挥了示范带动作用。

建立产学研服务平台

目前，骏益科创园在溧阳技术转移中心的协助下和常州大学等高校建立了良好的合作关系，联合建立了科技创业基地，构筑了优良高效的科技成果产业化平台。孵化器作为院校与企业的桥梁，努力为科技型企业寻求技术支撑，帮助大批科研成果从实验室顺利迈向市场，形成良好的集聚效应。

（1）创业培训专项服务。技术转移中心将通过讲座、沙龙、研讨、交流等多种形式，开展企业管理、项目申报、资金融通、文化建设、人力资源管理等培训，提升中小企业创业能力，帮助企业引进、培训各类专业人才。联合孵化器每月按年度计划进行培训，全年 30 人以上的培训达 6 次以上。

（2）专业技术支撑服务。建立了专业技术平台，园区内购置了必要的仪器设备，建立了管理制度，实行了开放和内部优惠的使用办法，强化了专业技术支撑服务。

（3）人才引进交流服务。建立人才信息平台，依托溧阳市科技局、人事局、人才服务中心等关系，为企业引进人才和人力资源，并通过常州大学经济管理学院在园区设立实践基地，为企业提供人才资源服务平台。园区尽可能最大限度地为在校大学生提供实习平台，为应届毕业生提供就业平台。

优秀的创业导师团队

溧阳馨源医疗用品有限公司主要产品是医用口罩，因企业管理人员缺乏生产管理意识，积压大量产品，溧阳技术转移中心与本孵化器创业导师史志华同志多次交流沟通，创业导师全体"会诊"，为该企业制定了产品销售方案，拓宽销售渠道，多元化销售模式，企业大量库存产品出库销售，资金回笼，将损失降到了最低程度。

2015 年孵化器入驻一家由大学生科技创业的一个项目，几个大学生空有研发技术和创业梦想，却没有启动资金，孵化器经过项目调研后，评定其为可孵化项目，由骏益科创园种子资金提供帮助，成立溧阳路石航模科技有限公司。2015 年 7 月由溧阳常大技术转移中心牵头，孵化器为其组织了一次"如何获取政府支持"的创业导师辅导课程，为企业争取更多的项目资金和研发资金。

患难见真情

溧阳天地人和电子科技有限公司于 2015 年 5 月成立并入驻骏益孵化器，公司主要从事电子信息领域技术研发，视频航拍，研发、销售航模配件等，是一家以技术研发、服务为主的创新型科技企业。

在公司初创时期，因投资有限，骏益孵化器便主动免除了该公司的房租和其他费用，并且免费向其提供由孵化器运营单位提供的财务指导和企业运营指导，在一定程度上替天地人和省去公司管理运营上的困扰，使其拥有更多资金和时间专注于研发生产。

由于天地人和公司规模比较小，对于新办公司来说，业务渠道较窄，骏益孵化器便通过周围资源无偿为其介绍订单，安排专人协助公司开展各项对外业务。这大大帮助了天地人和步入正常轨道。天地人和公司专注科研有了一定成果，骏益孵化器专家团队经研究建议该公司可以申请专项技术性专利，经过孵化器公共服务平台联络专业专利公司后，由骏益孵化器主办举行了免费的在孵企业专利培训课程，天地人和有专人参与，经过多次讨论、研究，成功协助天地人和公司办理申报一项实用新型专利。

背后的"推手"

中心主要从两个方面来推进技术转移中心的实施工作：一方面是借助政府行为的引导，选择行业、区域技术转移的切入点，与骏益科创园结成产学研协同创新的战略联盟，形成规模化的技术转移和应用；另一方面是运用市场行为的新机制，从规模总量和质的提升方面来发展与企业的横向科研合作，以及促进学校科研的技术培植与技术转化。建立"组织、技术、资金"三个要素为平台的技术转移运营合作模式。

（1）组织平台：为了推动技术转移的多样化、规模化发展，将探索建立产学研协作联盟的会员制。会员制是建立起孵化器内在孵企业与企业、企业与常州大学之间的协同创新机制，与孵化器内在孵企业建立起长期稳定的深层合作关系。其主要作用，一是利用高校已有的科技资源为在孵企业解决共性技术难题，实现园区内企业之间的若干技术资源共享，相应提升整个孵化器的技术水准；二是形成技术创新和转移的规模效应避免低水平重复技术开发，降低孵化器使用先进技术的门槛和成本；三是帮助孵化器提高科技创新能力，使孵化器在发展道路上少走弯路。

（2）技术平台：技术转移来源于常州大学源源不断的技术支持，搭建以科学技术、人才和社会资源为依托的技术平台，形成技术成果的持续再生、开放流动和持续转化。

（3）资金平台：孵化器自2011年开始设立创业种子资金，同时，积极与市中小企业信用担保中心挂钩，为科技企业联系融资担保，以确保入驻企业在创业初期能够顺利发展。孵化器利用科创园的公益性影响，鼓励吸引社会资本服务于科技项目。溧阳技术转移中心为园区企业提供免费咨询服务，帮助企业在科技创新中解决资金限制、预测市场风险等困难。

（4）产生的经济、生态、社会效益：科技企业孵化器是以促进科技成果转化、培养高新技术企业和企业家为宗旨的科技创业服务机构，孵化器内科技创业企业普遍受到较大的影响，部分企业甚至逆势而上，积极开拓市场，不断进行人才储备。这充分展示了科技企业孵化器相对于其他经济发展工具，在贡献地区经济增量、培育科技企业、保障高素质人才就业方面具有独特的优势。溧阳技术转移中心作为孵化器与高校的桥梁，努力为科技型企业寻求技术支撑，帮助大批科研成果从实验室顺利走向市场，形成良好的聚集效应。

【公司】溧阳常大技术转移中心有限公司位于江苏骏益科技创业园园区内。随着常州大学技术转移中心服务能力的提升和服务区域的拓展，2012年在省地方政府的支持下，成立了溧阳技术转移分中心并注册了溧阳技术转移中心有限公司，注册资金20万元整。专业为各类企业提供科技政策信息咨询及各类科技项目申报、科技平台、科技人才引进等咨询代理服务。公司拥有行业领先、专业技能强、经验丰富、深受客户好评的技术咨询团队。公司建立自己的技术专家库，技术专业领域涉及化工、生物、医药、机械、电子、信息、农业、新能源、新材料等多个领域，技术力量雄厚，为不同行业的企业提供学术咨询及技术指导服务。秉承以服务为中心，以项目为纽带，以人才为支撑，以金融为保障，以需求为重点的原则，服务企业、服务市场、服务政府等经济合作。

他山之石　不只攻玉

——常州奥凯干燥设备有限公司

【公司】常州奥凯干燥设备有限公司，专业从事干燥、焙烧、冷却、粉碎、混合、制粒等设备的设计、生产与开发。作为中国制药装备行业协会会员单位，公司已获得"国家高新技术企业"认证，获得了"全国质量服务诚信示范单位""江苏省优秀民营科技企业""江苏省知名企业（品牌）""江苏省质量信得过企业""CAPE 中国制药装备行业协会会员单位""企业信用等级 AAA 认证"等荣誉证书、20 多项核心技术获实用新型技术专利证书及发明专利。

转型升级新思路

长期以来，公司十分注重产学研合作与科技创新，专业的技术团队与有关科研院所合作开发新品，以产品的技术升级为核心，以优化产品结构为发展方向，不断开发的多项专利技术广泛应用于化工、医药、食品、颜料、新材料、军工等领域，并打入了国际市场，树立了良好的口碑。随着公司的发展，建立了常州市干燥设备工程中心，拥有雄厚的资金及技术力量。

自 2016 年 11 月起至今，常州奥凯干燥设备有限公司基于市场应用需求，积极寻求企业创新机遇，与常州工学院签订技术（委托）开发合同，借助高校的博士教授科研力量，进行"金属颗粒异物的毫米波检测技术开发"项目研发。

在食品和药品的加工过程中，经常会遇到颗粒异物不经意混入食品和药品中的情况，非金属（如玻璃、塑料等）、碎片金属（铁、不锈钢、铜、铝箔等）异物会对人体造成伤害，必须采取措施予以剔除。

我国目前针对食品、药品中混杂颗粒异物的检测方法，大多采用金属检测器、即电磁感应的方法，不仅不能够检测非金属颗粒异物，还由于金属颗粒异物的性质，在使用上具有一定的局限性。

现行的金属颗粒异物检测技术在下述两个方面有局限：不能检测现代社会越来越普遍的非金属颗粒异物。针对不同的金属颗粒异物材质，必须有针对性地选择相应的金属异物检测机，技术应用的普适性较差。

在国外，已发展了多种食品、药品中进行金属、非金属异物检测的新技术，如 X 射线检测技术，它以辐射成像技术为核心，集电子技术、计算机技术、信息处理技术、控制技术和精密机械技术于一体，可以检测大多数食品、药品中的异物。但该技术无疑会带来检测人员的辐射安全损害，不为公众接受，只能应用在特定的场所。

本项目开发的用于食品、药品生产流水线上的颗粒异物检测装置，采用若干个微波辐照源形成阵列，向生产流水线上的被检食品、药品辐照微波，若干个毫米波接收机形成阵列，接收食品、药品，以及非金属、金属颗粒异物的辐射毫米波，进行食品、药品生产流水线上的非金属、金属颗粒异物检测，受环境等条件的其他因素影响小，检测灵敏度高、普适性高，可以成为现行利用电磁感应原理的金属颗粒异物检测装置和方法的良好补充。

基于毫米波的食品、药品生产流水线上的颗粒异物检测设备与技术，目前无论是在国外还是在国内都尚未有应用。

在常州奥凯干燥设备有限公司资助下，本项目进行"金属颗粒异物的毫米波检测技术开发"的产品研发，完成了下列关键技术突破：高灵敏度毫米波探测器集成技术；智能信号处理与图像工程技术；大数据量、多通道、高速无线通信技术；高可靠性复杂系统集成技术。

实现了下列主要技术创新：基于毫米波单片集成电路（MMIC）技术，与多芯片集成组件（MCM）技术，进行高灵敏度毫米波探测器电路的一体化设计与制作；阵列信号处理及多维智能图像识别算法；高可靠系统集成。

有模有样

目前，金属颗粒异物的毫米波检测机已完成实验室原理样机的传感器分系统已完成集成，各项指标经实验室测试合格，进入全系统集成和联调阶段。

团队已申请了一项技术发明，并积极致力于新一代异物检测机设备的新标准制定。本产品的机械和电气部分主要依靠采购或外协加工，电子部分为砷化镓（GaAs）芯片集成产品，不会带来环境污染。

以"团"为媒 借力创新

本产学研合作项目，得益于"江苏省科技镇长团"平台。2016年，常州工学院时翔博士作为第八批"江苏省科技镇长团"成员，挂职常州奥凯干燥设备有限公司所在常州市新北区奔牛镇，与地方高新技术企业——常州奥凯干燥设备有限公司建立了良好的联系，双方对于企业与高校之间进行以产品创新为目的的产学研合作达成了一致，并于2016年11月双方签署了50万元金额的技术（委托）开发项目合同。

推进企业转型与升级

常州奥凯干燥设备有限公司与常州工学院签订产学研合作项目合同后，公司一方面利用行业优势，为高校研发团队提供详尽的客户需求、国外同类产品资料等以加快新产品研发，另一方面大力支持高校研发团队申报江苏省科技副总人才项目、江苏省产学研项目等，目前常州工学院的公司科技副总人才项目已获批。合作方常州工学院则借助人才优势，积极参与，为企业申报高新技术企业、市科技项目、市级科研生产平台，申请发明专利等提供坚实技术与人才基础。目前公司持续获批国家高新技术企业，并获批建立了市级工程中心。

推进高校学科优化和应用型人才培养

走产学研结合道路，是培养应用型人才的根本途径。常州工学院在与常州奥凯干燥设备有限公司的产学研合作开发过程中，通过合作各方的紧密协调，理顺了思路，锻炼了教师队伍，优化了学科配置，积极推进产学研合作教育，拓宽了应用性人才培养途径，在实践中形成了一套较为清晰的创新型、应用型人才培养理念。

借助政府平台，积极深入地促进地方高校与地方企业之间的交流与合作，不仅可以发挥高校人才优势，为企业的升级转化提供技术与人才保障，而且可以促进高校学科优化及应用型人才培养。在双方合作过程中，努力寻找双方的利益切入点，相互补充、相互支援、合作共赢，是地方企业与地方高校产学研合作的基石。双方合作的未来，将继续致力于企业的转型与升级发展以及高校的学科优化配置与应用型人才培养。

【高校】常州工学院是一所全日制普通本科院校，历经40年的建设和发展，现已成为一所以工科为主，工学、理学、管理学、经济学、文学、教育学、艺术学七大学科门类协调发展、综合性较强的多科性地方高等学校。学校现有机械工程、软件工程、电气工程和土木工程四个江苏省重点建设学科，获批江苏高校"文化创意"协同创新中心牵头建设单位，建有江苏省高校特种加工重点实验室、江苏省高校特种电机研究与应用重点建设实验室、江苏省中小企业新能源产业公共技术服务平台和微特电机研究与应用实验室等八个常州市重点实验室，与八家企业共建了市级工程技术中心。建有融研发、生产和实践于一体的常州市科技企业孵化器——常州工学院大学科技园以及数控技术应用及装备、软件、建筑工程技术等10个校内产学研一体化中心。

深度融合　打造品牌

——江苏亚邦强生药业有限公司

【公司】江苏亚邦强生药业有限公司是一家集药品研发、生产和销售于一体的高科技民营企业，是江苏省最大的头孢类抗生素的研发和生产工厂。公司主要产品聚焦于抗感染药物、心脑血管疾病治疗药物、妇科、儿科治疗药物等特色领域。公司拥有药物发明专利22件，其中已授权专利9件，制定行业技术标准10项。

合作研发　再创"抗生素"新高度

2017年5月18日，在第12届中国常州先进制造技术成果展洽会上，江苏亚邦强生药业有限公司与中国药科大学郑重签署了"头孢地尼片等品种药物质量和疗效一致性评价和研究协议"，从而拉开了双方进一步产学研深度融合的序幕。

"头孢地尼片等品种药物质量和疗效一致性评价和研究协议"项目，由江苏亚邦强生药业有限公司投资，委托中国药科大学进行研发。合同金额3000万元，一期计划1800万元，按国家食品药品监督管理总局有关仿制药质量和疗效一致性评价的要求，进行头孢地尼分散片等品种药物质量和疗效一致性评价工作，提升公司目前产品质量。二期计划1200万元，开展头孢地尼颗粒剂、贝前列素片、奥美沙坦酯片等重大新药开发，充实公司新产品线。项目团队由中国药科大学药学院副院长狄斌教授和柯学教授领衔，团队成员均为国内药学界知名专家，具有20多年的新药研发经验。

该项目的优势在于，项目团队依托"药用辅料及仿制药物研发评价中心"

这一国家级新药研发平台，集聚优势资源，可快速实现项目产业化。项目公司一期五个产品一致性评价工作的快速完成，可满足公司近五年的生产负荷，从而初步实现了项目公司生产和销售的稳定性。

突破局限　再创新绩

头孢地尼等头孢类药品在湿、热条件下不稳定，易降解，现有湿法制粒工艺中难以避免的湿热因素会导致产生降解杂质，以往质量标准中杂质 A 含量为2.5%，总杂含量为5.0%，杂质限度明显偏高，不利于公众用药安全性。

通过与中国药科大学柯学教授团队进行产学研合作，双方就头孢地尼片和分散片现有制备工艺和原研厂家制备工艺进行了大规模调研和实际研究比较，最终确定了采用新型粉末直压技术对现有工艺进行大幅度改进，从而提升产品质量。

通过产学研合作，该项目实现了以下技术突破：

（1）解决了头孢地尼杂质含量高的问题，大幅度降低药物杂质含量，提高了儿童用药的安全性。

头孢地尼在湿、热条件下极不稳定，采用传统的湿法制粒技术制备过程中就会产生0.5%~0.8%的降解杂质。该项目采用新型粉末直压技术，有效避免生产过程中湿热因素的影响，显著降低药物杂质含量。

该项目实施后，头孢地尼杂质控制水平将全面超越美国 USP 标准，总杂质由5.0%降至3.0%以下，主要降解杂质 A 由2.5%降至0.5%以下，并增加对20个已知结构杂质的控制。

（2）解决了难溶性药物口服吸收慢的问题，大幅提高吸收速度，达到快速起效。

通过 API 纳米化技术，将难溶性药物的粒径降低至纳米级别，有效提高药物的溶出速度。在相同的工艺条件后制备的头孢地尼分散片，API 纳米化，在pH7.0 的溶出介质中，15 分钟溶出度能达到85%以上，未纳米化的只能达到75%。

（3）解决了直压创新制备工艺的技术瓶颈——物料流动性差及含量不均匀的问题。

该项目通过筛选 API 纳米化后合适的粒径分布、创新使用 UF711 微晶纤维素和创新改进制剂设备，有效突破了粉末直压技术主药成分不超过片重10%的桎梏，解决了头孢地尼创新工艺规模化生产的技术瓶颈。

合作互惠　共创双赢

本次产学研合作项目已经完成实验室小试和车间中试研究，目前正在进行临床生物等效性试验研究，初步结果显示可实现生物等效。

预计随着项目最终完成，企业头孢地尼制剂的生产能力有望提高2倍，每年可新增销售1亿元，新增利税3000万元，从而大幅提高企业头孢地尼制剂产品的国内市场占有率。

随着粉末直压工艺技术的实现，可大幅减少原辅材料的消耗，预计可减少辅料使用量20%以上，同时还能降低单位能耗50%以上，主要污染物基本实现"零排放"，提高资源利用效率。

随着产能提高，拟新增就业50人以上，而销售收入和利润增加可实现单位设施设备更新加快，基础设施更加完善，职工收入水平稳步提高。

【高校】中国药科大学（China Pharmaceutical University）是中华人民共和国教育部直属的一所以药学为特色的全国重点大学，是国家"211工程""985工程"优势学科创新平台重点建设高校之一，是"111计划""卓越工程师教育培养计划"入选高校，是中国首批具有博士、硕士学位授予权的高等学校。截至2018年6月，学校全日制在校生16144人，其中本专科生11833人（本科生11109人，专科生724人），研究生3976人（硕士3199人，博士777人），留学生383人。学校现有玄武门、江宁两个校区，占地近2200亩。建筑面积近56万平方米，其中教学科研行政用房面积27.98万平方米，图书馆面积3.4万平方米，学生宿舍面积20.3万平方米；运动场地面积8.1万平方米。图书馆藏书155万余册。

智能管理　质量第一

——常州新区河海热处理工程有限公司

　　【公司】常州新区河海热处理工程有限公司是中国热处理行业协会常务理事单位、全国热处理标准化技术委员会委员单位、中国机械工程学会热处理分会理事单位、常州市热处理行业协会理事长单位。公司热处理信息化管理（ERP＋MES）及工艺技术创新能力在全国热处理行业处于领先地位。专业从事高端精密传动零部件热处理，是国内首家工业机器人RV齿轮精密热处理工艺研发单位，全球生产RV减速机巨头纳博特斯克公司国内热处理配套企业。公司作为主要和参与起草人制定了六项热处理行业节能减排及工艺技术的国家及行业标准，是首批通过国家标准《热处理质量控制体系》认证企业，是中国热处理行业协会审定通过的《热处理规范企业》及《热处理质量管理优秀企业》。

智能制造　智热处理

　　常州新区河海热处理工程有限公司是常州热处理行业协会理事长单位、中国热处理协会常务理事单位，在国内热处理行业具有一定的影响力。经过多年的积累和优化，在高端齿轮热处理领域具有丰富的经验，积累了大量的生产工艺数据。机械科学研究总院江苏分院有限公司作为智能制造服务商，在智能制造规划和系统集成方面拥有丰富的经验，结合北京机电研究所在行业内的资源和技术优势，形成热处理智能制造联合体，以常州河海热处理工程有限公司为典型案例，开发面向热处理行业的智能信息管理系统，建设行业云服务平台。双方将组建联合推广小组，持续优化完善热处理管理系统，并加大宣传推广力度，在热处理行业推广应用，形成更好的经济效益。

2017年5月至2017年7月，需求调研阶段。机械总院江苏分院组织技术团队和企业进行对接，开展需求调研，并提出项目实施方案。

2017年8月至2018年3月，启动建设阶段。双方签订合作合同，机械总院江苏分院组织技术团队从设备改造、信息管理系统开发、系统集成等反面开展技术攻关，并启动项目实施。

2018年4月至2018年8月，运行调试阶段。技术团队现场实施，完成设备改造，系统运行调试。

2018年9月至今，运行优化阶段。已经完成系统上线运行，并根据实际生产情况，持续优化，提升系统稳定性和标准化程度。

简化工艺 提升效率

金属热处理是关键零部件制造的关键流程环节，据测算，80%的零部件需要经过热处理。基于热处理工艺复杂，并且普遍存在多品种柔性拼炉生产，对生产工艺、过程及成本控制、可追溯性要求甚高，因此现场数据的实时采集记录、全面过程质量控制、工艺的积累和优化、成本和绩效分析评价与改善等是热处理行业亟须解决的焦点问题。开发智能管理系统是热处理行业转型升级、提升整体制造水平的迫切需求。

该项目的解决方法是建立适合企业生产特点的管理模式，构建计算机网络和数据库系统，对热处理行业进行深入研究，解决在企业信息化集成系统实施过程中会涉及的柔性生产、经营、质量、技术、管理、智能制造、成本等问题。

通过系统化管理生产制造执行过程，建立自动化设备集成管控系统、生产制造管理执行与优化系统、在线质量监控与能源管理系统建设、行业标准化综合管理与应用平台建设，并建立专业数据库，基于大数据的分析与处理，持续优化生产工艺、节能降耗、不断提升制造执行综合管理水平。

机械科学研究总院江苏分院有限公司为河海热处理公司开发实施了热处理智能管理系统建设，该系统集成了ERP、MES、PDM、能源管理等管理系统，包括订单管理、设备管理、能源管理、生产过程管理、物料管理、人员管理、产品数据管理、工艺管理等模块。

主要内容包括：①对其现有设备进行数控化改造，达到所有设备联网可控；②以该公司主要零件材质特性为基础，建立工艺专家系统；③建立智能管理系统，集成 ERP、MES 等功能，包括订单管理、能耗管理、质量管理、成本管理、生产管理、文档管理、设备管理等；④建立信息化管理标准体系，对生产工艺、过程监控、质量检验数据等全面规范管理，提升产品可控可追溯性。通过项目实施，企业在生产效率、运营成本、产品质量和一致性、质量可追溯性等方面得到提升。

新创模式　效益双收

基于前期形成的产学研合作模式，项目成果将进一步深化，形成面向市场的成熟化产品，由双方形成联合体，共同开发市场，分享项目效益。

项目成果将持续优化，打造热处理行业专业化智能管理系统，形成热处理企业整套信息化管理执行标准化体系和解决方案，系统将采用模块化销售，企业可以根据实际需求，采购订单管理、财务管理、成本管理、质量管理、能耗管理等模块，并提供配套设备改造、控制系统硬件升级等技术服务。

下一步将进一步与行业典型企业合作，建成信息化管理的示范车间。通过行业协会、学会、生产力促进中心等资源，丰富多层次知识数据库，加强信息共享，建立行业云服务平台，在全国热处理行业进行推广应用。

通过该项目的建设，实现热处理生产过程工艺设计优化、排产、订单、设备监控、能源管理全过程智能化，克服生产过程中的瓶颈环节，达到精确热处理目标，满足多品种、高效率生产要求。建立数字化管理模型与标准，实现智能化生产模型化分析决策，将过程管理的质量、成本、设备等报表式跟踪转化为智能化的管理系统动态跟踪，大幅度提高热处理生产效率和产品合格率。以该通用模型构建与相关验证平台为核心的数字化车间实施，为企业带来可观的经济效益，降低生产成本。

（1）通过提升热处理车间的自动化和管理的智能化，优化生产工艺和排产，可实现自动化加工、多品种拼炉柔性生产等，减少生产过程中各环节的人力、时间和费用，提升管理能力和力度，生产效率提高 15% 以上。

（2）通过自动化柔性化生产、智能化管理降低生产成本，同时对生产全流程中各环节的投入和产出，辅料、能源消耗、人力成本等进行分析，并制定改善措施以解决问题，运营成本降低10%以上，单位产值能耗降低10%以上。

（3）通过产品工艺仿真设计以及大数据实现产品工艺的快速制定，并可以对生产工艺进行持续优化改进，产品研制周期缩短20%以上。

（4）通过自动化生产，提高产品一致性，同时通过生产全流程质量管控，提升产品质量，产品不良品率降低8%以上。

社会效益方面，持续探索并完善热处理数字化生产标准构建并逐步在全行业推广应用，是本项目建设的目的所在。

我国现有各种类型的热处理企业已经超过1万家，但由于热处理专业性强，企业分散、规模相对较小，制约了热处理智能制造水平的发展。热处理行业数字化车间关键应用标准的建立，在未来本行业推广数字化车间的过程中做到统一规范，明确建设方向，避免使数字化车间走向散、乱，特别是为广大中小企业转型升级提供参考和依据。相关标准的建立给热处理相关企业提供了共同认可和遵守的基本准则，可以减少在人、财、物、事、时空上的摩擦和掣肘，提高资源的利用效率，确保两化融合工作的落实，加快热处理产业的更新、提高和科学发展。

该项目通过建立热处理数字化生产车间的关键应用标准，并实现在河海热处理公司的示范应用，能够为行业企业提供热处理转型升级的参考和指导，快速提升热处理行业智能制造，拉动周边地区和中国热处理产业健康发展。

【研发机构】机械科学研究总院江苏分院有限公司隶属于中央科技企业机械科学研究总院集团有限公司，依托总院资源在江苏建设运行高端装备公共服务平台，重点围绕先进制造、智能制造，开展研发服务工作。江苏分院是国家级高新技术企业，江苏省智能制造服务联盟副理事长单位，常州市智能制造推广联盟理事长单位，先后承担了多项企业智能装备开发、生产线集成、数字化车间建设项目。

机械科学研究总院是我国中央企业中唯一以装备制造业基础共性技术研究开发推广为主业的产业技术研发集团，在机械行业具有较强的综合实力。目前，全院共有四个国家重点实验室、三个国家工程技术研究中心，拥有丰富的研发服务资源。

江苏分院先后承建江苏省产学研联合重大创新载体、常州市数字化精密成形技术与智能装备创新服务平台等两级服务平台，以及"筒子纱数字化自动染色生产线""60万台/年中重型发动机缸盖数字化铸造车间"等多个国家智能制造专项项目，并被列为智能制造示范，"筒子纱数字化自动染色生产线"获得2014年度国家科技进步一等奖；正在执行国家智能制造专项项目（航空发动机及燃气轮机关键部件智能化生产），在智能制造领域积累了丰富的经验。

优质安全　高效高产

——常州市金坛江南春米业有限公司

【公司】常州市金坛江南春米业有限公司始建于2002年，时至今日，已成为业内翘楚。现已架构"原粮生产中心、稻米加工中心、仓储物流中心、产品展销中心、科技研发中心"五大板块。近年来，承担完成各类农业项目10余项，获省、市科技成果奖多项，其中省农业技术推广三等奖1项，市科技进步一等奖1项，发明专利2项。先后被授予江苏省农业产业化省级重点龙头企业、常州市十佳龙头企业、江苏省农业科技型企业、江苏米业20强企业、全国放心粮油进农村进社区示范工程示范加工企业、江苏省和常州市"守合同重信用"企业等称号。"苏"牌大米产品相继荣获中国优质大米产品、中国稻博会金奖、江苏好大米十大品牌和特等奖、常州市名特优农产品、江苏名牌产品等殊荣。

精准施策　协同发力

新品种利用，以有效保护种质资源及利用为导向，对通过省审品种的高产优质兼顾的水稻品种镇稻18号进行示范与推广，挖掘种性内在潜能。新技术集成，以绿色生态为前提，探索优质食味粳稻机插高产优质高效安全生产的技术路径，研制形成机插稻精确定量栽培集成配套技术，为大面积生产提供技术支撑。新模式运作，以产加销科服为集群，实行"企业+院校+基地+合作社+家庭农场+科技推广+加工+品牌+营销"链式运营模式，提高农业综合产能。

院校——针对机插水稻安全育秧和培育壮苗难及其大田农业化学品超量使用等技术难题，开展一系列的技术攻关，并形成了机插稻培育壮苗的"五替代"技术和大田精确定量栽培技术规程。在项目实施过程中，高校委派科技人员年蹲点35天以上，为企业开展实时技术辅导，联合研发水稻新品系30余个，技术转移3项，培养人才5名。企业——与南京农业大学联合开展技术攻关，引领形成的机插水稻高产优质高效创新集成技术的示范与推广应用。创建生产示范基地，有效流转农田5000亩自主经营。组织集约化经营（专业化生产：品种调配、生产布局；社会化服务：集中育供秧、农资统一配供、原粮统一收储；产加销对接：烘干、存储、加工、营销）。示范带动六个新型农业经营主体开展水稻绿色生态生产。

打通科学技术转化为第一生产力的"脉络"

经营粗放（小农经济，科技含量低，小农户：习惯种植，保口粮；种粮大户：惜本思想，广种薄收）。弱质低效（农村劳力呈"3879"结构；粮价低迷，粮食生产受刚性需求协迫，有时呈丰产不丰收）。抗风险能力弱（不可抗拒的自然灾害频现——涝灾、风灾、虫灾等）。品牌意识薄弱，缺乏以质量为基、绿色为本、品牌为魂的发展战略定位。科技兴农乏力，技术研发缺乏、良种良法缺位、科技储备缺失。产业化开发游离，产学研分隔，产加销分离现象突出。

营造良好发展环境，引领"新品种、新技术、新农机、新模式"示范与推广应用，打通科学技术转化为第一生产力的"脉络"，有效解决种质资源缺乏，确保优质种源的延续利用；有效解决科技成果缺失，确保精准扶农先扶智、先扶技的科技储备；有效解决技术指导缺位，确保科技成果应用落地生根。

探寻"成功"捷径

1. 创建示范基地

择良境、建基地。选择在长荡湖畔环境优越的地域指前镇东浦村建立了优质稻米原粮生产示范基地5000亩，其中2016年设立示范区核心千亩方1个。同时在指前镇的庄阳、芦溪、建春等村建立镇稻18号优质粳稻订单生产规模面积达10120亩，帮助广大农民解决水稻收获的烘干难、保管难、卖粮难、粮价贱的后顾之忧。

2. 产学研大融合

公司长期与南京农业大学、江苏省农科院、扬州大学、江苏（武进）水稻研究所、江苏丘陵地区农科所等单位紧密合作，形成了产学研联合体。了解掌握镇稻 18 号品种的特征特性，实行良种良法相配套，有效解决因种栽培技术难题。

3. 深化技术培训

项目实施中，积极开展以镇稻 18 号机械化育秧、大田机械栽插及优质化生产等技术培训，累计培训 8 场次，参训人次 277 人次，培养农技能手 35 个，有效解决生产过程缺人才、缺技术的制约瓶颈。

4. 开展试验研究

开展水稻优质化生产的试验研究，在水稻生产过程中开展了机插水稻施用生物菌肥的肥效试验，探索其增产效用和削减氮化肥施用的技术路径，为水稻绿色生态栽培提供科学依据。开展水稻品比试验，遴选高产优质品种，近年来，镇稻 18 号品种成为水稻高产高效示范方创建的主导品种，为提升水稻综合产能起到了积极作用。

5. 组织现场观摩

组织观摩，项目实施以来，在开展技术培训的同时共组织现场观摩四场次，采用"走出去、看典型、学先进"，形成"赶学比帮超"氛围，增进相互交流，放大技术运用成效。

6. 开展实时指导

承担项目实施的科技人员，在搞好技术培训的同时，顺应农时季节和水稻生育进程，深入田间地头，与广大农民面对面、手把手、零距离地传授技术，提高技术应用的到位率和提升广大稻农的操作技能。

7. 引领示范带动

引领"新品种、新技术、新农机、新模式"应用，示范辐射带动作用成效显著。示范带动六个新型农业经营主体开展集约化生产及产业化链式发展，目前，示范区建设已成为科技兴农、促农增收一道亮丽风景线。

8. 创新技术集成

创新形成了集成技术，一是创新形成了机插稻"五替代"育秧技术（基质替代稻田土、硬盘替代软盘、机播替代手播、无纺布替代农膜、微喷灌替代大水漫灌），并制定了机插育秧技术操作规程；二是制定了机插稻精确定量栽培技术规程，为大面积推广应用提供技术支撑；三是制定了"机插水稻大田绿色生态栽培技术规程"，并于 2018 年第 1 期的《上海农业科技》发表，为水稻优质化生产助力。

利用新技术　实现新效益

就项目实施年推广规模 3120 亩示范区的水稻生产，2016～2017 年累计实现新增总经济效益 369.65 万元，其中节支金额 45.51 万元；新增纯收益 324.14 万元（增产增收：亩均增 78.5 千克；加价增收：加价 10%；拉农增收：为农民提供就业岗位，2016～2017 年稻作生产期间，安置农民就业 38 人，累计促农增收 36.48 万元）。生态效益明显得到改善，一是清洁化生产得到大幅提升，实行秸秆全量还田，使农业废弃物得到资源化利用的同时，改善土壤理化性状；机插育秧利用无纺布覆盖，有效遏制"小虫闹大灾"，同时秧田期又可不打农药，大大减少农残。二是削减氮化肥的使用，运用水稻高产高效精确定量栽培技术，氮化肥使用明显下降，2016～2017 年稻作生产亩均削减氮化肥折纯氮 2.65 千克，在实现化肥使用零增长及减量化的同时，大大减少了农田环境的面源污染。提振农业全产业链有序健康发展，一是推进水稻优新品种利用，发挥内在潜能。二是示范带动促农增收，打造示范基地，为失地农民提供就业岗位。三是提升农业综合产能，农艺农机融合，提高专业化服务水平，促进社会和谐发展。四是产学研融合，使"产加销科服"于一体的产业化发展向好，促进农村经济持续增长。五是推进成果转化，为实现水稻生产安全、生态安全及产品质量安全提供有力保障。

【高校】南京农业大学是一所直属教育部领导，以农业和生命科学为优势和特色的全国重点大学，是国家"211 工程"重点建设的大学之一。"十五"时期以来承担国家"973 计划"、"863 计划"、国家科技支撑计划、转基因重大专项、农业部公益性行业专项、国家自然科学基金等国家及部省级科研课题和国际合作研究课题 400 多项。获国家、部省级科技成果奖 100 多项，其中国家科技进步一等奖 1 项、国家科技进步二等奖 5 项、国家技术发明二等奖 1 项、部省级科技成果奖励 15 项，获国家发明专利 87 项、软件著作权 75 个，制定省颁标准 49 项，培育出水稻、小麦等省农作物新品种 60 多个。学校充分发挥自身学科及人才优势，主动为社会发展服务和"三农"服务，创造了巨大的经济效益和社会效益，多次被评为国家科教兴农、科技扶贫工作先进单位。

与中茶所合作共建省级茶叶
科技示范园区

——江苏鑫品茶业有限公司

【企业】江苏鑫品茶业有限公司位于江苏省常州市金坛区薛埠镇下杖村,创建于2001年3月,是一个集茶叶生产经营、科技开发和茶文化传播于一体的民营茶叶企业。公司注册资金1000万元,现有员工50人,经营山地面积3000多亩,下设下杖、高庄等四个茶叶工区,茶园面积累计达2500多亩。通过"公司+农户"产业化经营,带动合作社社员、协会会员和茶农650多户,为公司提供鲜叶原料的生产茶园达1.2万亩。公司茶叶产品先后通过无公害农产品省、部级认定和有机茶认证,"鑫品牌"金坛雀舌茶多次获江苏省"陆羽杯"、全国"中茶杯"特等奖,三次获全国金奖,并获江苏名牌产品和江苏省著名商标。企业先后通过ISO 9001质量体系、食品生产许可证和ISO 22000食品安全管理体系认证等,并相继通过欧盟(EOS)和美国(NOP)有机食品认证和茶叶出口基地备案等,取得企业自营出口权,建立产品质量控制可追溯体系,产品畅销国内20多个省份,部分远销中国香港、东南亚和欧美等国际市场。

公司先后选聘茶叶、园艺、食品、财会、电子商务等专业技术人员18人,其中硕士4人、本科5人、大专9人,具备高级技术职称4人、中级职称4人,科技人才占员工总数的36%。在科技开发中,紧密挂靠中国农业科学院茶叶研究所(以下简称中茶所)、南京农业大学、江南大学、南京农机化研究所、省农科院等科研院所,引进科技新成果多项,共同承担部、省级科技项目8项。投资数百万元新建、扩建标准化厂房5000多平方米,引进名特绿茶成套加工设备、汽热杀青机、热风杀青机、茶叶咖啡因脱除机以及日本产绿茶全自动加工生产流水线和超微粉碎机组等,形成了名特绿茶、超微绿茶粉、抹茶、γ-氨基丁酸茶及大宗红绿茶等茶类产品多品种开发的能力。以鑫品茶业为依托,先后建成"常州市茶业工程技术研究中心""江苏省超微茶粉及茶食品工程技术研究中心""常州市现代农业科学院茶业研究所"和国家茶叶产业技术体系——"常州综合试验站"和"中国工程院陈宗懋院士工作站"。公司先后被评定为常州市20佳优秀农业高新技术企业、江苏省农业科技型企业、江苏省创新型企业、江苏省农业产业化省级重点龙头企业和中国茶叶产业联盟理事单位等。

智能生产　提升茶产量

为了进一步增进农业企业与国家科研院所的产学研衔接，实施高效农业的科技创新工程，大力推进茶叶科技示范园区建设，由江苏鑫品茶业有限公司与中国农业科学院茶叶研究所开展技术合作，并就联合申报2016年度江苏省科技项目"现代茶叶科技园区技术集成创新与示范"签订"技术合作协议书"，中茶所作为项目技术支撑方参与项目申报工作，负责项目技术方案的制定，指导园区技术集成创新研究与示范工作。项目实施过程中，中茶所将选派科技人员现场给予技术指导，及时技术跟进，并提供必要的技术资料、技术培训与咨询，同时为江苏鑫品茶业在专利申报、科技论文发表等方面给予必要的帮助。

江苏鑫品茶业与中茶所已有多年的技术合作关系，早在2001年就与中茶所开展技术合作，引进超微绿茶粉生产加工技术，在国内率先成功开发出"超微绿茶粉"新产品并实现产业化规模经营。以后又相继引进"低咖啡因绿茶""γ-氨基丁酸茶""高品质抹茶加工""茶园绿色防控"等关键技术，并在良种引繁、技术讲座、人才培训、省级工程技术研究中心申报及科技成果转化等多领域开展紧密合作，先后成功申报科技部、省科技支撑项目8项，并取得多项科技合作成果。

现代茶叶科技园区

1. 建立系统的"茶园管理全程机械化"的技术体系

本项目将整合适宜机械化采摘的茶树品种、茶园建设、茶园中耕施肥、树冠养护、鲜叶采摘、病虫防治等关键技术，建立起适宜苏南茶区特点的茶园管理全程机械化的技术体系，并通过示范的中试熟化进行完善，该项目的实施将为江苏省茶叶生产"机器换人"奠定技术基础。

2. 探索适宜苏南茶区的"生态茶园"栽培模式

通过一、二、三产业融合，集成现代农业、生态农业、休闲观光农业等研究成果，探索适宜苏南茶区的"生态茶园"栽培模式。项目建成后的科技示范园将成为集科技示范、生态休闲、旅游观光为一体的茶叶主题园区，拓展农业的边际效益，提升第三产业的价值。

3. 拓展茶叶应用范畴

从单纯的喝茶发展到吃茶，从茶食品到茶饲料延伸开发，拉长茶叶产业链条。茶叶应用范畴的拓展，将提升茶叶资源的利用渠道和价值。

关键技术的协作攻关

1. 茶园生产管理中实施"机器换人"

从当今茶叶技术创新世界发展现状来看，日本已经实现了茶园管理的全程机械化，但在国内茶园管理全程机械化尚处于起步阶段，为此在项目实施中重点在茶园中耕、除草、深松、喷施农药、修剪及茶叶采摘等技术环节中大力推进机械化作业，实施"机器换人"工程。坚持茶机与农艺有机融合，紧密结合本地茶园现状、管理机械等实际，强化两者有机融合。首先，新建适应机械化管理与采摘的"现代茶园"：一是茶树品种的筛选研究；二是茶行设置宽幅 1.6～1.8 米；三是茶园道路、排灌沟渠的配套，适应茶机下地作业和调头。其次，茶园管理机械及其设备要尽可能与茶行设置、茶棚高度及宽度相配套。选购管理及采摘机械，开展茶园机械化试验示范。根据专家建议，先后引进日本产大型乘用式采茶机 2 台、乘坐式茶园除草机 2 台，国产多功能茶园管理机 5 台、茶园中耕除草机 4 台、茶园修剪机 4 台、茶园台刈机 2 台、双人采茶机 8 台。在推进茶园管理机械化进程中，强化合格农机手的培训与考核，组织多项人机作业对比试验以及面上规模化推广。2017 年机械化中耕除草 1200 多亩次，深松 1080 亩次，机械化修剪 650 亩次，机械化采摘达 2000 多亩次。

2. 茶园绿色防控技术

原先在茶园病虫害防治方面主要以化学防治为主，从而导致部分茶叶农残超标。通过引进中茶所绿色防控新技术，在减少农药使用的基础上，采用"色诱、食诱、性诱、灯诱"及推拉战术等技术，目标在于保持茶园生态系平衡，以减少天敌种群数量，增强茶园灾害预警工作的绿色防控为主题，实施"减药增效"技术集成创新。在高庄工区 500 多亩茶园中采用挂黄板、灭虫灯及诱捕器等防治措施，使本地区茶尺蠖和茶小绿叶蝉两大主要虫害得到有效控制，全年减少生物农药防治 2～3 次，防治成本比原先下降 60% 以上，茶叶产品质量也得到可靠保障。

3. 茶叶加工向连续化、智能化方向发展

主要围绕茶叶加工工艺数字化、设备智能化的关键技术，按照机理研究、共性技术突破、设备创新和示范推广的总体思路，重点开展茶叶加工实时信息感知与检测、茶叶加工数字化集成控制与智能化调控等关键技术与装备的研究。在中茶所茶叶加工专家团队的指导下，该公司在江苏首家建成扁形绿茶连续化生产线，并以此召开全省绿茶加工示范推广现场会。2017 年又引进支撑单位工夫红茶"低温低氧"冷揉捻、控温控湿富氧发酵新技术，建成工夫红茶连续自动化加工生产线，使本单位工夫红茶品质明显提升。

合作模式与效益

通过与中茶所的合作共建，一个现代化的省级茶叶科技示范园区即将建成。

从合作共建所产生的效益分析来看，这里仅以实施"机器换人"的经济效益为例，采用茶园管理机作业，中耕除草比人工作业提高工效 25 倍；深松比人工作业提高工效 25.6 倍；喷施农药比人工作业提高工效 21.8 倍，设备工作性能稳定、可靠，操作方便、灵活，可以满足现代茶园管理的要求。通过田间性能试验和测试结果表明，日本大型乘用式采茶机采摘作业工效达人工采摘的 97 倍，按人均计算，机采是人工手采的 48.5 倍；双人采茶机作业工效是单人采摘的 61.6 倍，按人均计算，机采是人工手采的 10.3 倍；机械化采摘的鲜叶亩产量比人工采摘显著提高，自走式采茶机、双人采茶机亩均鲜叶采摘量分别比手工采摘提高 33% 和 29%；机械化采摘成本比人工采摘显著降低，其中自走式采茶机采摘成本为手工采摘的 18.0%；双人采茶机的采摘成本为手工采摘的 19.0%。

生态效益方面，通过绿色防控组织实施，以农业防治为基础、物理防治为导向、化学防治为应急措施，采取人工捕杀、灯光诱杀、色板诱杀、性诱杀、诱饵诱杀和科学使用农药等防治措施，从而实现控制病虫、保护环境、提升生态效益的目标。

社会效益方面，实施茶园管理"机器换人"和茶叶加工连续化、智能化等关键技术，可以极大地促进社会生产力提高，缓解农村劳力紧缺的矛盾，对推进乡村振兴战略、带动农村经济发展都将发挥巨大的推动作用。

【研究所】中国农科院茶叶研究所（以下简称中茶所）成立于1958年，是我国唯一的国家级茶叶专业科研机构。其任务是立足浙江，面向全国，针对茶业行业存在的关键、共性科技问题开展攻关。学科设置齐全，研究领域涵盖茶叶生产的产前、产中、产后各环节，重点研究：茶树种质资源和遗传育种、茶树营养生理、茶树有害生物综合治理、茶叶加工工程、茶叶化学、茶叶质量标准与监测等。中茶所现有职工167人，其中科技人员125人，研究员8人，副研究员23人，博士、硕士28人，拥有中国工程院院士1名，国家级突出贡献专家2名，部突出贡献专家4名，中国农业科学院院级跨世纪学科带头人5名，浙江省跨世纪学术和技术带头人12名，博士生导师4名，硕士生导师12名，享受国务院政府特殊津贴17人。中茶所经过50年的建设和积累，不断发展壮大，形成了学科设置齐全、技术力量雄厚、条件基本完善的全国茶叶科研、学术、信息中心。建所以来，共进行400多项课题研究，取得了180余项科研成果，其中获奖成果80多项，含国家发明奖2项、国家科技进步奖8项、国家星火奖1项；部、省级奖26项。曾连续两年获得国家科委、农业部和财政部联合颁发的农业科技成果转化奖。70%的科技成果已推广应用于生产，产生良好的社会效益和经济效益，为我国的茶叶科技进步做出了贡献。

新型微通道反应器系统关键技术创新及其产业化应用^①

— 江苏迪源精密仪器科技有限公司

【公司】江苏迪源精密仪器科技有限公司位于江苏省泰州市姜堰区，是一家集金属微通道反应器研发、制造、销售于一体的专业化生产企业。公司以客户实际需求为导向，经多年研究开发，在连续流反应器结构设计、传热传质过程强化研究、金属材料精密加工、高通量微通道系统制造技术方面取得了突破性的进展，形成了成熟可靠的完全拥有自主知识产权的新装备技术方案和制造工艺。针对制药、化工、材料行业的转型升级，推进传统间歇技术的连续化技术革新，推进连续流工艺在制药、化工、材料等相关行业的应用。

增强装备制造　以量产化

江苏迪源精密仪器科技有限公司长期致力于连续流化学反应工艺、药物中间体绿色合成、传统化工过程优化与耦合、流动化学及动力学、连续反应器设计开发等研究的反应工程技术中心和绿色工艺推广平台。研究中通过合成反应的动力学分析、工艺设计与优化，流体流动和相间接触的结构化及效应的研究与设计，模拟分析了微尺度下物料的传质、传热与流体流动等行为。通过微流场下过程耦合对反应过程的强化控制研究，反应过程与系统多尺度结构的整体行为和优化，研究了以过程效能和产品性能为目标的反应器/过程设计、控制和优化方法。

---

① 本案例图片来源于江苏迪源精密仪器科技有限公司。

团队合作发明了以量产化的新型连续流微通道反应系统为核心的工艺技术和反应装备，成功应用于多种系列硝化产品的高效合成和规模化安全生产，反应可控性大大提升，反应效率显著增强，危险性显著降低，单位体积生产装置的产能成倍增加，大幅度降低废水的产生量。与传统釜式工艺相比，更新了反应操作方式，采用完全连续化方式，实现了过程连续化自动控制，避免了传统硝化生产易爆炸、产品质量不稳定和安全性挑战，传质、传热效率得到大幅度的提高。与传统间歇工艺相比，在强化传热、传质、环保以及安全方面有着可靠的保障，通过过程强化、精确控温以及减少反应持液量等技术手段大幅度削减了废酸的产生，生产能力得到显著的提高。本项目研发的微通道反应器具有强传质和传热条件，可强化反应条件使反应在短时间内完成，反应器的安全特性高，反应区持液量少，无不稳定中间体残留，体系封闭，放大效应微弱，副反应少，收率较高，可精确控制反应，提高产品量，节能减排，节省厂房，能快速应对市场变化等特点，实现化工过程的高效化、微型化和绿色化。

研制发明了完全国产化的高通量金属微通道反应器装备技术，通道直径（5～10mm）、换热面积大（2500m²/m³）、传热系数高（1700kW/m³K）、操作温度范围宽（-100～350℃）、耐压性能好（10MPa）和混合效果佳、耐腐蚀性强等特点，反应器换热比表面积提升1000～5000倍，装备生产能力提升100倍以上。通过若干微型全混流单元（multi-CSTR）的串联设计，实现了不同物料之间的高效混合，解决了连续流完全混合反应器（CSTR）模型和理想推流反应器（PFR）模型在实际装置运行中难以克服的混合不均、层流、返混等问题，尤其适用于以硝化、氧化、磺化等液-液非均相为主体的连续流反应工艺。课题组通过创新性研究设计将传统反应器的三维属性做扁平化、二维化处理，实现了反应器换热比表面积的大幅度提升，是传统釜式装置的1000～5000倍，实现了反应物料和换热介质之间的高效换热。通过对微通道反应器整体结构的总体设计、模块化处理、装备材质的合理搭配，使本反应器技术具有广谱的耐腐蚀能力和良好的耐温耐压能力，通过对微反应器内通道尺寸的适度放大拓展设计，易于实现量产化生产应用。

研制发明了一种以316L不锈钢（SS316L）、哈氏合金（HC22或HG35）以及复合金属材质-不锈钢复合薄层钛（Ti）、金（Au）、铂（Pt）等金属材料加工成的金属高通量微通道反应器，包括竹节状、脉冲变径和小通道微结构的特征尺寸模块，具有广谱的耐腐蚀能力和良好的耐温耐压能力，通过对微反应器内通道尺寸的适度放大拓展设计，易于实现量产化生产应用（1000～50000吨/年处理量），打破了美国康宁公司（Corning Inc）、德国美茵兹（IMM）等国外技术垄断，有效地解决传统釜式反应器存在的传质、传热效果差的问题，极大地提高工业化生产的效率，减少了"三废"排放。

研制发明了适用于不同微流场状态下的连续化反应工艺、反应器流动模型仿真技术、多模块自组装工艺、硝化深度控制技术、超声－反应耦合技术以及废酸绿色处理技术等多种关键技术，实现关键材料规模化、关键装备成套化和清洁化安全生产。开发无须放大即可用于工业化生产的硝化、氯化、氧化新工艺，提高了产品选择性，解决了"三废"排放问题，提高了工艺的安全性和经济性，实现了化工过程的高效化、微型化和绿色化。

课题组将其开发的以量产化的连续流高通量微通道反应系统为核心的工艺技术和反应装备应用，经南京大学、北京化工大学、微谱技术等权威机构分析检测，硝基胍产品纯度为 99.9%，对硝基氯苯产品纯度为 99.8%，1，5－二硝基萘产品纯度为 99.5%，1，8－二硝基萘产品纯度为 93.6%，苯甲醛产品纯度为 99.2%，烷基化油产品辛烷值 97.9，产品指标均满足企业的生产技术要求。该技术成果通过中国石油和化学工业协会组织的科技成果鉴定，自主研制了具有高效传热、传质功能的毫米级微通道结构模块，竹节状、脉冲变径、小通道等微通道结构，采用不同材质制造了系列的完全国产化的微通道反应器系统，该微通道反应器可以柔性组合，在硝化、氧化、氟化、磺化、烷基化等非均相反应中得到应用，成功地解决了强放热、易爆炸等安全性问题，建成了 20 余套不同规模的工业生产装置，实现了硝基胍、硝基氯苯、二硝基萘、己二酸、生物柴油、溴代叔丁烷、环氧脂肪酸甲酯、环氧氯丙烷、硝酸异辛酯等 20 多种化工产品连续化安全高效生产。实现成果转化项目 10 余项，已在医药、染料、化工中间体行业科技成果转化并建立了千吨级～万吨级工业化示范装置，为企业增收资金累计达 20 亿元，新增利润 3.7 亿元。产品经检测和多家用户试用，技术指标均满足企业的生产技术要求。工艺生产过程稳定，"三废"排放少，处理后可达到环保排放要求。经查新所设计的微通道结构、反应器系统及其装备、非均相反应应用领域等均具有创新性和安全性，研究成果总体技术达到国际先进水平。

达到国际先进水平

江苏省化工行业协会以及江苏省化学化工学会进行成果推介，总体技术达国际先进，可大力推广应用和成果转化，不断提高行业装备水平。通过中国石油和化学工业协会组织的成果鉴定 4 项，达国际先进水平。申请国家发明专利 55 件，其中授权 22 件，发表学术论文 23 篇，获省部级二等奖 3 项，三等奖 2 项，第十三届"挑战杯"全国大学生课外学术科技作品竞赛特等奖 1 项，第九届"挑战杯"创业计划大赛金奖 1 项，第十届"挑战杯"创业计划大赛金奖 1 项，中国新闻网、《人民日报》、《光明日报》、《科技日报》、江苏教育网等多家媒体报道了项目相关工作（见图 1 至图 3）。

图 1　不锈钢金属微通道反应器

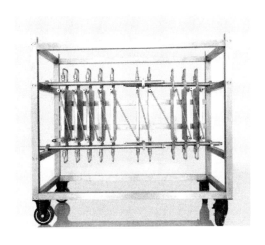

图 2　哈氏合金金属微通道反应器

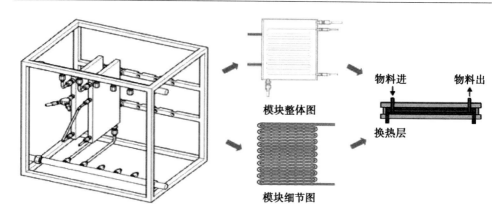

图3　金属微通道反应器（IFR 反应器）系统

【高校】常州大学是一所省属全日制本科院校。学校有 68 个本科专业，涵盖工学、理学、管理学、经济学、文学等十大学科门类。有 1 个一级学科博士学位授权点、11 个一级学科硕士学位授权点、7 个工程领域和 1 个艺术领域硕士专业学位授权点。学校拥有 1 个国家级重点实验室（培育点）、7 个省级重点实验室、2 个省级协同创新中心、17 个省级工程中心、5 个省级人文社科研究基地、1 个省级大学科技园孵化器。

后　记

习近平总书记不断强调："创新的实质效果是优胜劣汰、破旧立新。我们要着力构建以企业为主体、市场为导向、产学研相结合的技术创新体系，注重发挥企业家才能，加快科技创新，加强产品创新、品牌创新、产业组织创新、商业模式创新，提升有效供给，创造有效需求。"

在我们编完这本书的时候，再来重温习近平总书记的重要指示精神，感触颇深。显然，这是伟大的中国人民应对世界百年未有之大变局所做出的正确选择，也是伟大的中国共产党回答世界人民"中国将如何发展"所给出的正确答案。因而可以确定的是，随着进入发展新阶段、贯彻发展新理念、构建发展新格局，中华民族伟大复兴的伟大梦想一定会实现。

与此同时，在我们编完这本书的时候，也为常州众多企业以及企业家在江苏大地上生动的产学研深度融合的伟大实践所深深折服。正是他们艰苦卓绝的奋斗，才赢得了常州今日之辉煌、江苏今日之荣耀、中国今日之伟大！在此，谨向他们致以最崇高的敬意！

整个产学研的深度融合是离不开政府的参与和支持的。同样，此书最终得以顺利出版，得到常州市科技局产学研合作处的领导们所提供的帮助和支持。在此，谨向他们表示最诚挚的感谢！

最后，特别需要感谢的是经济管理出版社的各位编辑们，是他们精心的编辑、严谨的校对、高质量的制作，为本书增色，更令我们添辉。